Ernst-Wolfgang Böckenförde

Vom Ethos der Juristen

Wissenschaftliche Abhandlungen und Reden
zur Philosophie, Politik und Geistesgeschichte

Band 60

Vom Ethos der Juristen

Von

Ernst-Wolfgang Böckenförde

Zweite, durchgesehene Auflage

Duncker & Humblot · Berlin

Bibliografische Information der Deutschen Nationalbibliothek

Die Deutsche Nationalbibliothek verzeichnet diese Publikation in
der Deutschen Nationalbibliografie; detaillierte bibliografische Daten
sind im Internet über http://dnb.d-nb.de abrufbar.

1. Auflage 2010 (1.–2. Tausend)
2., durchgesehene Auflage 2011 (3.–5. Tausend)

Alle Rechte vorbehalten
© 2011 Duncker & Humblot GmbH, Berlin
Fremddatenübernahme und Druck:
Berliner Buchdruckerei Union GmbH, Berlin
Printed in Germany

ISSN 0935-5200
ISBN 978-3-428-13652-0 (Print)
ISBN 978-3-428-53652-8 (E-Book)
ISBN 978-3-428-83652-9 (Print & E-Book)

Gedruckt auf alterungsbeständigem (säurefreiem) Papier
entsprechend ISO 9706 ♾

Internet: http://www.duncker-humblot.de

Vorwort
zur zweiten Auflage

Die kleine Schrift hat erstaunlich schnell großes Interesse gefunden, so dass bereits binnen Jahresfrist eine zweite Auflage notwendig wird. Ein mit juristischem Schrifttum und Verlagswesen bestens Vertrauter schrieb mir, er wünsche, dass der Text jedem Juristen einmal in die Hände falle. Das soll weiterhin möglich bleiben.

Durch die breite Resonanz sind freilich auch die Grenzen der Schrift deutlich geworden. Sie behandelt das Thema ja nicht umfassend, sondern nur ausschnitthaft; überdies ist sie nur auf einen ‚Allgemeinen Teil' des Ethos der Juristen bezogen und geht auf die besonderen Ausprägungen dieses Ethos in den verschiedenen Tätigkeitsfeldern der Juristen nicht weiter ein.

Diese Begrenzung kann und soll durch die neue Auflage nicht aufgehoben werden. Ein solcher Versuch ließe schnell ein anderes Buch entstehen, das den Charakter und die Eigenart dieser Schrift sprengen würde. Sie ist durch den Niederschlag einer jahrzehntelangen beruflichen Erfahrung und deren Reflexion geprägt und hat insofern auch persönlich-biographischen Charakter. Ohnehin lässt sich die Frage nach dem, was den Gehalt des Ethos der Juristen ausmacht, wie er sich differenziert und praktisch bewährt, nur von verschiedenen Blickpunkten und professionellen Erfahrungen her weiter klären. Es wäre ein schöner Erfolg, wenn die Schrift hierzu weiterhin anregt.

Die Neuauflage beschränkt sich demgemäß darauf, neben den unerlässlichen Corrigenda an wenigen Stellen kleine Ergänzungen oder Neuformulierungen anzubringen, die dazu dienen, das Gemeinte deutlicher als bisher zu artikulieren, ohne jedoch den Duktus der Schrift zu verändern.

Au / Freiburg, im April 2011

Ernst-Wolfgang Böckenförde

Vorwort
zur ersten Auflage

Nach mehr als fünfzigjähriger Tätigkeit als Jurist in Wissenschaft und Richteramt erscheint es angezeigt, Bilanz zu ziehen und sich zu vergewissern, was den Sinn und die Eigenart der Tätigkeit der Juristen ausmacht.

Die Formen juristischer Tätigkeit sind bekanntlich vielfältig; sie haben es in unterschiedlicher Weise mit der Gestaltung, Anwendung und Fortentwicklung des Rechts als einem notwendigen und wichtigen Baustein der Ordnung des menschlichen Zusammenlebens zu tun. Gibt es in diesen Tätigkeiten etwas gemeinsam Verbindendes, das über bloße Rechtstechnik, über gekonnte Anwendung und Handhabung erworbener Kenntnisse und erlernter Fähigkeiten, verfügbar für beliebige Zwecke, hinausgeht? Diese Frage ist für die Juristen von zentraler Bedeutung. Erst wenn sie positiv beantwortet werden kann, ist es berechtigt, von einem gemeinsamen Beruf der Juristen zu sprechen, der über einen bloßen Job hinausgeht.

Ich meine, diese positive Antwort kann gegeben werden. Das gemeinsam Verbindende der Tätigkeit der Juristen, das es möglich macht, von ihrem Beruf zu sprechen, liegt in einem spezifischen Ethos, einer berufsbezogenen Denk- und Verhaltensform, die das Handeln in bestimmter Weise prägt und trägt. Diesem Ethos auf die Spur zu kommen, es in seinen verschiedenen historischen Erscheinungsformen und seinem sachlichen Gehalt zu ergründen, schließlich nach seiner anthropologischen Wurzel zu fragen, ist das Ziel der nachfolgenden Überlegungen. Sie geben in erweiterter Form den Vortrag wieder, den ich als Abschied von meiner öffentlichen akademischen Wirksamkeit Ende 2008 vor der juristischen Studiengesellschaft in Münster / W., im ersten Halbjahr 2009 an der Universität Freiburg i. B. und der Bucerius Law School in Hamburg gehalten habe. Möge der Text ein Anstoß zu weiteren Diskussionen sein.

Au / Freiburg, im April 2010

Ernst-Wolfgang Böckenförde

Inhaltsverzeichnis

I. **Ethos der Juristen: was meint das?** 11
   1. Zum Begriff Ethos 11
   2. Ethos der Juristen 12

II. **Erscheinungsformen des Ethos der Juristen** 14
   1. Ethos der römischen Juristen 14
      a) Herkunft, Aufgabe und Funktion der römischen Juristen   14
      b) Das Ethos und seine Ausprägung 16
   2. Ethos der kontinentaleuropäischen Juristen der Neuzeit 20
      a) Die Umbildung des Rechts zum staatlichen Gesetz. Der Anteil der Legisten 20
      b) Ethosformen der gesetzesgebundenen Juristen 24
      c) Gefährdungen für die Realisierung von Recht und Gerechtigkeit und deren Abwehr 26
   3. Ethos der anglo-amerikanischen am Case-Law orientierten Juristen 29
      a) Die Eigenart der Rechtsfindung im Case Law 30
      b) Das Ethos, das die Rechtsfindung prägt 34

III. **Was kennzeichnet den Juristen als Juristen?** 37
   1. Der Grundgehalt des Ethos der Juristen 37
   2. Drei kennzeichnende Beispiele 39

IV. **Philosophisch-anthropologische Grundlagen des Ethos der Juristen** 44
   1. Der anthropologische Wurzelgrund 44
   2. Rechtsgewissen und Rechtskultur als Formelemente 46
   3. Verbleibende Bedeutung von Naturrecht 48

I. Ethos der Juristen: was meint das?

Sprechen wir vom Ethos des Juristen, drängt sich als erstes die Frage auf: Ethos – was meint das eigentlich? Ethos ist ja nicht gleichzusetzen mit Ethik, die Worte sind zwar sprachlich verwandt, aber in ihrer Bedeutung doch voneinander unterschieden. Was aber macht den Unterschied aus? Lässt er sich einfachhin auf die Gegenüberstellung von normativ Gesolltem – Ethik – und faktisch Gelebtem – Ethos – reduzieren?

1. Zum Begriff Ethos

Das Wort Ethos entstammt dem Griechischen. Ursprünglich weist es auf Wohnplätze und die dort geübten Gebräuche hin: die gewohnte Art zu handeln, zu reden, sich zu benehmen, mithin auf gemeinsame Sitten und Sinnesart.[1] Ethos als Ausdruck solcher gemeinsamer Sitten und Sinnesart lenkt die Menschen, wie Heraklit erklärt,[2] prägt ihre Anschauungen, ihr Denken und ihre Verhaltensweisen, auch ihren Habitus und Charakter. Ethos lässt sich mithin kennzeichnen als konkret bestimmte Handlungs- und Verhaltensform, die aus Lebenssituation, Beruf und praktischer Arbeit, gegebenem Umfeld und der Befähigung des Menschen zum sittlich-handelnden Wesen erwächst. Solches Ethos kann durchaus in größerem oder geringerem Umfang – ethisch durchwirkt sein; es ist das immer wieder, weil normative Grundsätze und Anforderungen, die auf Handlungsanleitung abzielen – eben das,

---

[1] *G. Funke*, Ethos I, in: HWBPhil, Bd. 2, Sp. 812; *H. Seubert*, Polis und Nomos, Berlin 2005, S. 75.

[2] *Diels/Kranz*, Die Fragmente der Vorsokratiker, B 119; *G. Funke* (FN 1), Sp. 813.

was wir Ethik nennen – gerade im und durch das Ethos nähere Konkretisierung und Anwendung finden.³ Ethos verbindet sich auch mit Könnerschaft und einem Bewusstsein davon und weist insofern einen Bezug zur aretē, der Tugend im Sinne erlernter oder habitueller Fähigkeit auf.⁴ Gleichwohl bleibt Ethos von normativer Ethik deutlich unterschieden, es gehört in den Bereich von habitueller Einstellung und entsprechendem Lebensvollzug.

2. Ethos der Juristen

Ein Ethos der Juristen ist somit bedingt durch das Aufkommen des Juristen als eines spezifischen Berufs und Berufsstandes, der mit dem Recht umgeht, es auffindet, handhabt und anwendet, und es ist in seinem Inhalt davon bestimmt. Wo aber finden wir zuerst den Beruf des Juristen?

Nicht, wie man meinen könnte, im antiken Griechenland. Wir verdanken den Griechen großgeartetes und bis heute fortwirkendes Nachdenken über das Recht, das heißt eine eindrucksvolle Rechtsphilosophie, aber Juristen gab es in Griechenland nicht.⁵ Erst in Rom, im Umgang mit dem römischen Recht kommt es zum Juristen als Berufstyp mit einem Berufsbild und zur Ausbildung eines Juristenstandes.⁶ Die Frage nach dem Ethos der Juristen muss also bei den römischen Juristen und gerade bei ihnen beginnen. Die römischen Juristen haben, auch im Blick auf das juristische Ethos, eine weitrei-

---

³ Siehe W. *Kluxen*, Ethik und Ethos (1978), in: ders., Moral, Vernunft Natur. Beiträge zur Ethik, Paderborn u.a. 1997, S. 3–17.

⁴ H. *Ottmann*, Geschichte des politischen Denkens, Bd. 1, 1, Stuttgart/Weimar 2001, S. 16.

⁵ H. J. *Wolff*, Vorgeschichte und Entstehung des Rechtsbegriffs im frühen Griechentum, in: W. Fikentscher/H. Franke/O. Köhler (Hg.), Entstehung und Wandel rechtlicher Traditionen, Freiburg/München 1980, S. 558; E.-W. *Böckenförde*, Geschichte der Rechts- und Staatsphilosophie, 2. Aufl. Tübingen 2006, S. 23 f.

⁶ F. *Wieacker*, Der römische Jurist = ders., Vom römischen Recht, 2. Aufl. Stuttgart 1961, S. 128–160.

2. Ethos der Juristen 13

chende, über die Zeit des römischen Reiches hinausgehende Wirkung entfaltet; das römische Recht und die Beschäftigung mit ihm hatte, wie bekannt, seit dem Mittelalter und bis in die Gegenwart in Europa maßgeblichen Einfluss und auch prägende Kraft.[7] Allerdings blieben die römischen Juristen nicht der alleinige Typ des berufsmäßig arbeitenden Juristen. Hinzu traten andere, ebenfalls berufsmäßig arbeitende Juristen wie die mit der kontinentaleuropäischen Gesetzesordnung verbundenen, und hier voran die französischen Legisten, und die Juristen des englisch-amerikanischen common law. Auch bei ihnen entwickelten sich eigene, konkret bestimmte Handlungsformen und Einstellungen, die ihrerseits prägend auf das juristische Ethos einwirkten. Vom Ethos des Juristen sprechen heißt so zugleich von dessen unterschiedlichen Erscheinungsformen zu sprechen; die jeweilige Eigenart dieser Erscheinungsformen hängt nicht zuletzt von der Gestalt und Eigenart des Rechts ab, mit dem es die Juristen zu tun haben und die sie zum Teil selbst mit hervorbringen. Recht hat, das wissen wir aus seiner Geschichte, nicht ein für allemal dieselbe Gestalt, es zeigt sich vielmehr in mehreren, voneinander durchaus unterschiedenen Gestalten.[8]

---

[7] Siehe die Darlegungen bei *P. Koschaker*, Europa und das römische Recht, 2. Aufl. München/Berlin 1953, insb. S. 141–147, 212–244; *F. Wieacker*, Privatrechtsgeschichte der Neuzeit, 2. Aufl. Göttingen 1967, S. 97–248, 430–458.

[8] *W. Seagle*, Weltgeschichte des Rechts, 3. Aufl. München 1967, spricht von Erscheinungsformen des Rechts und unterscheidet als solche Primitives Recht, Archaisches Recht und die Reife des Rechts.

II. Erscheinungsformen des Ethos der Juristen

Wenden wir uns also den hauptsächlichen, signifikanten Erscheinungsformen des Ethos der Juristen zu.

1. Ethos der römischen Juristen

An erster Stelle steht die Handlungsform und das Ethos der römischen Juristen. Wie kam es zu diesen römischen Juristen, welches waren ihre Aufgaben, Tätigkeitsformen und ihre Wirkungsart, in welcher Weise haben sie zur Entwicklung des römischen Rechts und der Ausbildung eines juristischen Ethos beigetragen? Vertrauen wir uns dazu der Führung von Franz Wieacker und Wolfgang Kunkel anhand ihrer Untersuchungen zur Geschichte des römischen Rechts und der römischen Juristen an.[9]

*a) Herkunft, Aufgabe und
Funktion der römischen Juristen*

Ihre Vorläufer hatten die römischen Juristen in den zunächst sakral geprägten Pontifices. Die Pontifices hatten die Obhut über die aufgespeicherte Kult- und Staatsüberlieferung, die Archivierung der politischen Verträge und der Gesetze sowie die Anwendung des Festkalenders. Sie verfügten damit über ein Sonderwissen, das alle rechtsrelevanten Vorgänge umfasste, die zu schriftlicher Aufzeichnung gelangt waren. Kraft die-

---

[9] *F. Wieacker,* Römische Rechtsgeschichte, Bd. 1, München 1988, Bd. 2, München 2006; *W. Kunkel,* Herkunft und soziale Stellung der römischen Juristen, 2. Aufl. Graz / Wien / Köln 1967.

ses Informationsvorsprungs oder gar -monopols wuchs ihnen auch die praktische Anwendung dieses Wissensschatzes zu. Ihre ursprüngliche Domäne war die sachkundige Anleitung und Beratung von Amtspersonen und Privaten in all den Angelegenheiten, die das Verhältnis der urbs und ihrer Bürger zu den Gottheiten angingen, wie insbesondere Gebete, Darbringung von Opfergaben, Entsühnungsrituale. In den eher profanen Angelegenheiten, auf die sich ihre Tätigkeit bald mit erstreckte und die dann im Laufe der Zeit dominant wurden, waren es die Auslegung der Gesetze, die konkrete Fassung der für archaische Rechtsordnungen so wichtigen Spruchformeln und Geschäftsrituale, die den Opfer- und Gebetsformeln nachgebildet waren, ferner die Beratung über einzuhaltende Verfahren zur Abwehr drohenden Unheils oder Unrechts sowie Gutachten über eingetretene Störungen oder Zweifelsfragen im Rechtsverkehr.[10]

Die Pontifices und die aus ihnen hervorgehenden Juristen waren nur vereinzelt selbst Amtsträger (Magistrate) oder Judices. Sie bildeten sich vielmehr als eigene, nicht mehr private sondern öffentliche, in der politischen Gesellschaft verwurzelte Einrichtung heraus: ein Kreis zunächst innerhalb der Nobilität, der sich dauernd und professionell dem ihm verfügbaren sakralen und juristischen Sonderwissen widmete und den Magistraten und dem Senat, ebenso wie Privaten Rat (consilium) und Antwort (responsum) erteilte.[11]

Entsprechend dieser öffentlichen Funktion wurde von den Juristen Unparteilichkeit und Unentgeltlichkeit erwartet. Ihre Tätigkeit galt als ein officium, gegründet auf Erfahrung und Autorität. Ihr Rat wird dort eingeholt, wo kraft ihres professionellen Wissens einschlägige Autorität erwartet werden kann. Das dient sowohl dazu, eigenes Handeln durch die autoritas eines anderen zu stützen, wie auch dazu, Gefahren aus

---

[10] *F. Wieacker* (FN 9) § 15, S. 310–312; *W. Kunkel* (FN 8), S. 45–49.

[11] *F. Wieacker* (FN 9), § 15, S. 314; § 34, S. 552; Zur Herkunft der Juristen aus der Nobilität, später auch aus dem Ritterstand *W. Kunkel* (FN 8), S. 41–44, 50 ff.

unrichtigem Handeln zu vermeiden, die in einem stark formalisierten und (noch) rituell bestimmten Recht drohen.[12] Die Juristen treten so als *iuris consulti* auf, als die um Recht Befragten, und erhalten von daher ihren Namen. Ihre vornehmlichen Aufgaben sind drei: *agere,* die Betreuung des öffentlichen Handelns der Prozess- und Geschäftsparteien, dass sie die richtigen Klag- und Spruchformeln verwenden; *cavere,* die Beratung beim Zustandekommen und Abschluss von Rechtsgeschäften; *respondere,* die gutachtliche Äußerung über die Entscheidung eines konkreten Rechtsfalles. Das Letztere entfaltete sich stets weiter bis in die späte Kaiserzeit hinein.[13] Auf diese Weise kommt es zu einer kontinuierlichen praxisbezogenen Ausformung und Durchbildung des Rechts (in Definitionen, Regeln und Argumentationsfiguren), wobei die Juristen ihre Könnerschaft beweisen. Seit der Kaiserzeit tritt auch das Abfassen juristischer Schriften hinzu, die den erreichten Standard der fachlichen Diskussion weiterführen oder verantwortlich überliefern.[14]

b) Das Ethos und seine Ausprägung

Welches Ethos, das dieser Tätigkeit zugrunde liegt und sich in ihr ausprägt, lässt sich hier erkennen?

Recht war im frühen wie im späteren Rom nur eines von mehreren, einander ergänzenden sozialen Verhaltenssystemen. Durch seine Eigenständigkeit und Formgebundenheit war es gegenüber der unmittelbaren Anwendung oder Abbildung außerrechtlicher Wertungen in der rechtlichen Verhaltensordnung weithin abgeschottet. Dennoch gab es ein Stück Durch-

---

[12] *F. Wieacker* (FN 9), § 34, S. 552–555.

[13] *F. Wieacker* (FN 9), § 34, S. 557–562. Zum ius respondendi, seiner Bedeutung und Ausbreitung in der Kaiserzeit *W. Kunkel* (FN 9), S. 282–289.

[14] *F. Wieacker,* Römische Rechtsgeschichte, Bd. 2, München 2006, S. 219. Zur Ausbreitung des Rechtsunterrichts siehe *W. Kunkel* (FN 9), S. 334–345.

lässigkeit zwischen beiden, und die entstand durch die Arbeit der Juristen.[15] Die Juristen wurden, wie Franz Wieacker berichtet, in ihrer Arbeit am und mit dem Recht etwa seit der Mitte des 2. Jahrhunderts v. Chr. Wortführer gesteigerter ethischer Ansprüche an die Rechtsordnung, einerseits durch ihren Einfluss auf die Konzeption der Schriftformeln, andererseits durch die Beratung der Magistrate und Urteilsrichter. Gesichtspunkte wie exceptio doli, restitutio in integrum, dolo petit qui petit quod statim redditurus, audiatur et altera pars, ferner Vorstellungen vom bonus vir und vom rechtschaffenen paterfamilias, auch der Rückgriff auf mores und mos maiorum erhielten rechtliche Relevanz und fanden Eingang ins ius civile.[16] Hinzu traten Wertungen wie aequum, bonum et aequum, iustum als Audruck römischer Gerechtigkeitsvorstellungen und zugleich als Spiegelung der griechischen Gerechtigkeitsphilosophie, dem dikaion und der epieikeia. So ergaben sich eine Reihe ethischer Gerüststangen für das zunächst formale und oft harte ius civile. Dies geschah aber nicht als unmittelbare Übertragung und Qualifizierung ethischer Auffassungen als Recht, sondern im Wege der Schaffung und Ausformung von Grundsätzen, Begriffen und Argumentationsfiguren, die aus der Perspektive und Aufgabenstellung des Rechts gewisse ethische Gehalte sich inkorporierten. Das verstärkte sich in der ausgehenden Republik unter dem Einfluss der Philosophie der Stoa und ihrer Naturrechtslehre. Nicht zuletzt die Universalisierung des Polis-Naturrechts bei seiner Übertragung auf die societas humana durch die Stoa[17] ermöglichte hier in dem Maße, wie das römische Denken sich im Zuge der Ausdehnung des Imperium Romanum auch auf eine allgemein-menschliche Rechtsordnung auszurichten begann, Rezeptionsvorgänge. Die Gestalt des ius gentium ist dafür ein Beispiel.[18]

---

[15] *F. Wieacker* (FN 9), § 30, S. 502 f.
[16] *F. Wieacker* (FN 9); § 30, S. 503 ff., auch zum Folgenden.
[17] Siehe *E.-W. Böckenförde* (FN 5), § 6 I, 3, S. 134 f., III, 2, S. 140 f.
[18] *F. Wieacker* (FN 9), S. 639 ff.; *ders.* (FN 10), S. 87.

Die jahrhundertelange Arbeit der Juristen am Recht und für das Recht fand schließlich einen eindrucksvollen Niederschlag in den Schriften und Sentenzen berühmter Juristen. Sie sind in den Digesten des Corpus iuris civilis gesammelt. Sowohl in methodischer wie in sachlich-inhaltlicher Hinsicht lassen sie die Grundeinstellung der römischen Juristen und das Ethos erkennen, das in ihrer Arbeit Ausdruck fand.

Woher kommt der Name des Rechts, fragt Ulpian. Das Recht ist nach der Gerechtigkeit benannt, lautet seine Antwort, und es ist, wie er unter Berufung auf Celsus sagt, eine Kunst, nämlich die ars boni et aequi.[19] Die Juristen, heißt es weiter, dienen der Gerechtigkeit und lehren das Wissen vom Guten und Gerechten, indem sie Recht von Unrecht trennen, Erlaubtes von Unerlaubtem scheiden und danach streben, die Menschen nicht nur durch Furcht vor Strafe, sondern auch durch Verheißen von Belohnung zum Guten zu führen.[20] Der Kerngehalt des Rechts und seiner Gebote wird wie folgt zusammengefasst: honeste vivere, alterum non laedere, suum cuique tribuere.[21] Die im Recht angelegte Gegenseitigkeit bringt der Satz zum Ausdruck: Was jemand einem anderen gegenüber als Recht festgesetzt hat, das soll er auch selbst als Recht befolgen.[22]

Die Gesetze werden nicht als Mittel der Interessendurchsetzung instrumentalisiert, sondern als Verkörperung des Rechts in allgemeinen Regeln hoch geachtet.[23] Ergänzt wird dies durch Anweisungen für die Gestaltung und Interpretation des Rechts. Rechte, sagt Ulpian, werden nicht für ein-

---

[19] Corpus Iuris Civilis, D I, 1.

[20] Ebd., D I, 1, 1.

[21] Ebd., D I, 1, 10.

[22] Corpus Iuris Civilis, D II, Titel: Quod quisque iuris in alterum statuerit, ut ipse eodem iure utatur.

[23] Ebd., D I, 3, 2. Hier heißt es unter Berufung auf den Griechen Demosthenes, jedes Gesetz sei eine Eingebung und ein Geschenk Gottes, ein Beschluss kluger Männer, ein Zwangsmittel gegen Unrecht und ein gemeinschaftlicher Vertrag der Bürgerschaft, nach dem zu leben sich für alle ziemt.

1. Ethos der römischen Juristen

zelne Personen, sondern generell festgelegt und sie müssen, heißt es bei Pomponius, nach dem geschaffen werden, was in der Regel, nicht nach dem, was ausnahmsweise geschieht. Als Wirkungsweise der Gesetze erscheinen gebieten, verbieten, erlauben und strafen.[24] Gesetze verstehen, erklärt Celsius, heißt nicht ihre Worte kennen, sondern ihren Sinn und Zweck; es ist unrichtig, ohne das Gesetz als ganzes zu berücksichtigen, nach irgendeinem Teil desselben zu judizieren oder ein Gutachten zu erteilen. Und trifft ihr Sinn und Zweck auf einen neuen Fall zu, muss derjenige, der für die Rechtsprechung zuständig ist, zur Bildung einer analogen Regel fortschreiten und danach Recht sprechen.[25] Auf dieser Grundlage erwuchs eine hoch entwickelte Interpretationskunst und Rechtsfortbildung.[26]

Sentenzen dieser Art, welche die ethische und rechtsmethodische Substanz der Digesten zum Ausdruck bringen, lassen sich viele finden. Sie machen das Ethos und die Methode der römischen Juristen anschaulich. Das heißt freilich nicht, daß dieses Ethos stets auch gelebte Wirklichkeit war. Auch bei den römischen Juristen und ihren Repräsentanten gab es die Diskrepanz zwischen normativ Gebotenem und faktisch Geübtem; sie waren nicht Idealfiguren. Aber in den Sentenzen stand das normative Leitbild, das die Tätigkeit und den Beruf der Juristen prägen sollte, lebendig vor Augen. Und ihre Wirkung ging weit über die Zeit des römischen Reiches hinaus, denn seit der Wiederentdeckung des Corpus iuris civilis im 11. Jahrhundert entfalteten sie und das in ihnen verkörperte Ethos überall dort prägende Kraft, wo es zu Rezeptionsvorgängen im Blick auf das römische Recht kam, wo die Arbeit am und mit diesem Recht Wirklichkeit wurde. Das war über viele Zeitepochen der Fall, vor allem im Übergang vom Mittelalter zur frühen Neuzeit,[27] und es lebt bis in die Gegenwart hinein fort.[28]

---

[24] Ebd., D I, 3, 8–7–3.
[25] Ebd., D I, 3, 17, 24, 12.
[26] Anschauliche Beispiele hierfür bei G. *Hager*, Rechtsmethoden in Europa, Tübingen 2009, S. 8–11.

2. Ethos der kontinentaleuropäischen Juristen der Neuzeit

Eine andere, eigenständige Erscheinungsform des Ethos der Juristen tritt uns in der Handlungsform und Berufseinstellung der kontinentaleuropäischen Juristen der Neuzeit entgegen.

a) Die Umbildung des Rechts zum staatlichen Gesetz. Der Anteil der Legisten

Das entscheidende Merkmal, von dem das Weitere bestimmt wird, ist hier die Erscheinung und das Verständnis von Recht als Gesetz. Dass Recht fast ausschließlich in der Form von staatlichen Gesetzen – Gesetz verstanden als abstrakt generelle Norm bzw. Anordnung – erscheint, ist uns heute nahezu selbstverständlich. Aber die Umwandlung von Recht in staatliches Gesetz, wie sie vom späteren Mittelalter ausgehend in der europäischen Neuzeit stattfand, war ein epochaler Vorgang, sowohl in politischer ebenso wie in rechtlicher Hinsicht. Er stand im Zusammenhang mit der Ausbildung eigenständiger Staatsgewalt und Staatlichkeit, die sich in Unabhängigkeit von kirchlicher wie feudaler Gewalt konstituiert, ein eigenes Gesetzgebungsrecht beansprucht und darin ihre Suprematie und Souveränität zur Geltung bringt.[29]

An diesem Vorgang hat ein neuer Typ von Juristen, die sog. Legisten, maßgeblich mitgewirkt. Sie hatten ihr Studium an

---

[27] Umfassend hierzu *P. Koschaker* (FN 7), S. 55–147, 212–244; *F. Wieacker* (FN 7), S. 97–248.

[28] Anschauliches Beispiel aus jüngster Zeit: *W. Offenloch*, Erinnerung an das Recht, Tübingen 2005, S. 68–73.

[29] Zu den mittelalterlichen Wurzeln eingehend *H. J. Berman*, Recht und Revolution. Die Bildung der westlichen Rechtstradition, Frankfurt/M. 1991, S. 144–198: im Blick auf die Entstehung der Rechtswissenschaft, S. 199–271, zum kanonischen Recht, S. 327–370. Zum Vorgang im einzelnen *H. Quaritsch*, Staat und Souveränität, Frankfurt/M. 1970, S. 138–178 und *K. Roth*, Genealogie des Staates, Berlin 2003, S. 480–523; speziell zu Frankreich *R. Holtzmann*, Französische Verfassungsgeschichte, München u. Berlin 1910, S. 241–250.

2. Ethos der kontinentaleuropäischen Juristen der Neuzeit

den nach der Wiederentdeckung des Corpus Iuris alsbald entstehenden Rechtsfakultäten anhand dieses Corpus Iuris absolviert. Sie wurden die ersten Träger einer nichtkirchlichen und nichttheologischen Bildung, agierten – überwiegend bürgerlicher Herkunft – häufig als Berater oder im Dienst weltlicher Herrscher, insbesondere der französischen Könige, die sie in deren Auseinandersetzung mit kirchlich-päpstlichen Herrschaftsansprüchen und dem Autonomiestreben autogener Feudalherren unterstützten.[30] Ihnen war ein zivil-rationaler Geist eigen, in Absetzung ebenso von theologisch-kirchlicher wie feudal-ritterlicher oder auch militärisch-soldatischer mentaler Prägung. Sie trugen für die aufstrebenden Zentralgewalten autoritätsstützende und -steigernde Argumente zusammen, nicht selten in Aufnahme und Umdeutung römisch-rechtlicher Begriffe und Topoi, insbesondere aus dem Principat und der Kaiserzeit.[31] Durch die Art ihres Denkens wirkten sie auf eine rationale bürgerlich-juristische Ordnung und Begrifflichkeit hin.[32] Max Weber hat in diesen Legisten Vorkämpfer des okzidentalen Rationalismus gesehen,[33] weil sie die religiös-charismatische oder durch traditional gefestigte Gewohnheiten begründete Legitimität durch eine neue zu ersetzen suchten, nämlich die aus der rationalen Berechenbarkeit generell vorbestimmter, gleichmäßig angewandter Normen eines Gesetzgebers hervorgehende.

Waren dann aber diese Juristen in ihrem Tun und ihrer Einstellung nicht in erster Linie Diener der Macht und der Mäch-

---

[30] Siehe *Carl Schmitt*, Die Formung des französischen Geistes durch den Legisten (1942) = ders., Staat, Großraum Nomos, Berlin 1995, S. 186 f.; *P. Koschacker* (FN 6), S. 77 f.; 167 ff., 222 f.

[31] Am bekanntesten die Formeln ‚Princeps legibus solutus' und ‚Quod principi placuit, legis habet vigorem'. Zu deren historischem Ort und ursprünglichen Sinn siehe *O. Behrends*, Princeps legibus solutus, in: Rainer Grote, u. a., Die Ordnung der Freiheit. Festschrift für Christian Starck zum 70. Geburtstag, Tübingen 2007, S. 1 ff.

[32] *Carl Schmitt* (FN 30), S. 191.

[33] *M. Weber*, Die drei reinen Typen der legitimen Herrschaft (1922) = ders., Gesammelte Aufsätze zur Wissenschaftslehre, 3. Aufl. hrsg. von Johannes Winckelmann, Tübingen 1968, S. 475–488, insb. 481.

tigen – wie es den Juristen ja oft vorgehalten wird –, ohne tiefergehendes Ethos und ein Bemühen um Gerechtigkeit? Das wäre voreilig. Was sie bewegte und wofür sie argumentierten, war zwar die Stärkung königlicher Rechte und dann der Ausbau staatlicher Kompetenz und Macht. Aber was stand dahinter? Es war das Streben nach Ordnung, Frieden und Sicherheit im Zusammenleben der Menschen. Das richtete sich zunächst im 14. und 15. Jahrhundert gegen die Vielzahl feudaler Rechte und Privilegien, die anarchie féodale, im 16. Jahrhundert dann gegen die nicht enden wollenden konfessionellen Bürgerkriege, die aus den politischen Absolutheitsansprüchen der streitenden Religionsparteien hervorgingen.[34] Das Denken und Handeln der Politiques in Frankreich, die vorwiegend Juristen waren, ist dafür paradigmatisch. Ihr Ziel war, wie schon für Michel d'Hopital, die Intoleranz der streitenden Parteien durch die Gewalt der Toleranz, d. h. die Stärke des Monarchen zu überwinden.[35] Darin zeigt sich, bezogen auf die Situation der Zeit, durchaus ein Engagement für Gerechtigkeit, und zwar die allgemeine, auf das geordnete und friedliche Zusammenleben der politischen Gemeinschaft insgesamt bezogene Gerechtigkeit,[36] die der Einzelgerechtigkeit vorausliegt. Diese Art der Gerechtigkeit war, an Aristoteles anknüpfend, vor allem von Thomas v. Aquin und der Scholastik reflektiert und näher entfaltet worden[37]; sie erlangte in den Verwerfungen

---

[34] Zu diesen Absolutheitsansprüchen und ihren Folgewirkungen, siehe J. Lecler, Histoire de la tolerance au siècle de réforme, Paris 1955, dt.: Geschichte der Religionsfreiheit im Zeitalter der Reformation, Stuttgart 1965, Bd. 2, S. 57–197; ferner E.-W. Böckenförde, Entstehung des Staates als Vorgang der Säkularisation, in: ders., Recht, Staat, Freiheit, 4. Aufl. 2006, S. 100–105.

[35] R. Schnur, Die französischen Juristen im konfessionellen Bürgerkrieg des 16. Jahrhunderts, Berlin 1962, S. 11 f., 16 ff.

[36] In den Quellen vielfach iustitia legalis genannt wegen ihrer Orientierung auf die Gesetze. Treffender ist die sich heute durchsetzende Bezeichnung „Gemeinwohlgerechtigkeit".

[37] Dazu im einzelnen E.-W. Böckenförde, Geschichte der Rechts- und Staatsphilosophie, 2. Aufl. Tübingen 2006, S. 255 f. Zentral wird für diese Art der Gerechtigkeit die Ausrichtung auf das bonum commune, verstanden als das Rechte, das der politischen Gemeinschaft als der Gesamtheit

2. Ethos der kontinentaleuropäischen Juristen der Neuzeit

und Umbrüchen des 16. und dann des 17. Jahrhunderts überragende Aktualität. Die Erhaltung bzw. Wiederherstellung der politischen Ordnung als öffentliche Friedensordnung erscheint als vordringliches Ziel. Dazu wird der Begriff des Friedens aus der Verknüpfung mit der religiösen Wahrheit gelöst und auf eine neutrale Ebene gehoben. Friede wird ein formeller Begriff, er wird nicht religiösen Werten und Überzeugungen, sondern dem Bürgerkrieg gegenübergestellt und meint das Schweigen der Waffen.[38] Und dies ist das unverzichtbare Minimum der Aufgaben, die der Staat zu bewältigen hat, nämlich die öffentliche Sicherheit und Ordnung herzustellen und zu bewahren. Wie aber lässt sich dieser Friede begründen, oder wiederherstellen? Durch die Einheit des Landes, diese ist aber nur möglich durch Unterwerfung unter den einen Willen des Königs als oberstes Gesetz. „C'est la Loy, par laquelle seule nous vivons et pouvons vivre en paix." Natürlich wurden die politiques von kirchlich-theologischer Seite als Verächter der Religion und Menschen ohne Glauben gebrandmarkt, denen es nur um Politik und Macht statt um die Wahrheit gehe. Aber sie hielten an ihrer vermittelnd-pragmatischen Position, welche die aufgebrochenen Gegensätze durch eine weltlich-neutrale Gesetzesordnung und entsprechende Verfahrensregeln zu überbrücken suchte, fest. Nicht von ungefähr erblickte Jean Bodin, der den politiques nahe-

---

der in ihr verbundenen Menschen zukommt. Die Bezugsstellen bei *Thomas v. Aquin*, Summa theologiae II, II, qu. 58, art. 5 bis 7. Dort heißt es u. a. (art. 5): „iustitia ordinat hominem in comparatione ad alium ... Uno modo, ad alium singulariter consideratum. Alio modo, ad alium in communi: secundum scilicet quod ille qui servit alicui communitate servit omnibus hominibus qui sub communitate illa continentur." Und weiter (art. 6): „iustitia legalis est specialis virtus secundum suam essentiam, secundum quod respicit ad commune bonum ut proprium obiectum. Et sic est in principe principaliter et quasi architectonice, in subtitis autem secundario et quasi ministrative."

Die Ausrichtung und Bindung der Herrschaftsgewalt und der (von ihr erlassenen) Gesetze an das bonum commune tritt auch in der spanischen Spätscholastik, insb. bei F. v. Vitoria und Fr. Suarez deutlich hervor, vgl. dazu *E.-W. Böckenförde*, a. a. O., S. 359 und 390 f.

[38] *R. Schnur* (FN 35), S. 19–22, auch zum Folgenden.

stand, im Gesetzgebungsrecht das erste Merkmal der von ihm begrifflich erfassten Souveränität.[39]

b) Ethosformen der gesetzesgebundenen Juristen

Was sich so bei den Legisten und den politiques zeigte, war paradigmatisch und wurde weit über Frankreich hinaus, in den Territorien des alten Reichs[40] wie überhaupt in den kontinentaleuropäischen Ländern typusbestimmend. Es brachte die staatsbezogenen, gerade dem Gesetz als maßgebliche Erscheinungsform des Rechts verbundenen und verpflichteten, überwiegend in öffentlichen Ämtern tätigen, meist beamtenmäßig agierenden Juristen hervor. Für sie genießt das Gesetz als positives, vom Herrscher, dann vom Staat bzw. dem Parlament erlassenes Gesetz, das sich in generellen Regeln ausformt, hohe Autorität. In ihm findet das Recht in seinen Grundfunktionen, der Friedensfunktion ebenso wie der Freiheits- und Zuteilungsfunktion, zeitbezogen konkreten Ausdruck. Die Arbeit am und mit dem Recht richtet sich so aus an der Treue zum Gesetz, seinem Inhalt, den von ihm getroffenen Entscheidungen und festgelegten Verfahren. In seinen generellen gleichheitlichen Regelungen erscheinen typischerweise Gerechtigkeit und Vernunft aufgehoben, soweit sie unter den Gegebenheiten der conditio humana realisierbar sind. Aufgabe des Juristen ist es daher, das Gesetz kunstgerecht (lege artis) zu interpretieren und dementsprechend anzuwenden, in der Entscheidung konkreter Fälle durch den Richter ebenso wie im Vollzug des Gesetzes und zweckgerichteter Ausnutzung eingeräumter Handlungsspielräume durch die Verwaltung oder in der Rechtsberatung und der Unterstüt-

---

[39] *Jean Bodin*, Les six livres de la République, Paris 1583, Liv. I, Cap. X: „La première marque du Prince souverain, c'est la puissance de donner loy à tous en général et chacun en particulier." Vgl. auch *Carl Schmitt* (FN 23), S. 200 f.

[40] Siehe *D. Willoweit*, Deutsche Verfassungsgeschichte, 5. Aufl. München 2005, § 18; *H. Conrad*, Deutsche Rechtsgeschichte, Bd. 2, Karlsruhe 1966, S. 363 ff.

2. Ethos der kontinentaleuropäischen Juristen der Neuzeit

zung beim Streit um die Durchsetzung des Rechts durch den Anwalt.

Damit gewinnt die Frage nach der richtigen Interpretation der Gesetze, den Interpretationsstufen und der anzuwendenden Methode entscheidende Bedeutung; sie beschäftigt die Juristen über die Jahrhunderte hinweg.[41] Daneben erhalten Form und Verfahren zunehmend Bedeutung; sie vermitteln den Beteiligten Anerkennung als gleichberechtigte Subjekte, bieten den Rechtsunterworfenen Schutz vor unmittelbarem Zugriff der Machtträger und gewährleisten damit ein Stück Sicherheit und Freiheit; Recht wird verstärkt als geordnetes Verfahren erlebt. Schließlich erscheint es wichtig, dass die vom Gesetz anerkannten Autonomiebereiche der einzelnen auch als solche respektiert und nicht unter Berufung auf ethische Pflichten wieder minimiert werden. Schließlich ist die gesetzlich geregelte Zuordnung von Gütern und Leistungen, solange der Gesetzgeber nicht selbst Änderungen vornimmt, korrekt zu gewährleisten.

Die am Gesetz orientierte Rechtsfindung und -anwendung ist ferner auf Kontinuität, auf Klarheit und Vorhersehbarkeit ausgerichtet: Was im Gesetz festgelegt ist, gilt solange wie das Gesetz in Kraft ist. Das trägt dazu bei, dass sich eine Kultur der Gesetzgebung und der Gesetzesanwendung herausbildet. Die Juristen haben nicht nur Anteil daran, sie bringen sie auch wesentlich mit hervor;[42] die großen Kodifi-

---

[41] Siehe die grundlegende Darstellung von *J. Schröder*, Recht als Wissenschaft. Geschichte der juristischen Methode vom Humanismus bis zur historischen Schule, München 2001, insbes. S. 48–77, 130 166, 210–243. Detaillierte Ausfaltung bei *St. Vogenauer*, Die Auslegung von Gesetzen in England und auf dem Kontinent, Bd. 1, Tübingen 2001, S. 28–343, dort auch zu den Unterschieden der Gesetzesauslegung in Deutschland und Frankreich. Kundiger Überblick bei *G. Hager* (FN 26), S. 14–35.

[42] Dazu *P. Koschaker* (FN 6), S. 180–188 („Juristenrecht und Gesetzgebung'), und der Überblick über die Kodifikationen in Bayern, Preußen, den Habsburgischen Ländern und Frankreich bei *F. Wieacker* (FN 6), S. 324–347. Immer waren hier Juristen maßgeblich beteiligt, zumeist waren sie auch die Autoren und Redaktoren. Es braucht nur an Namen wie

kationen – in Frankreich wie in Deutschland – legen davon Zeugnis ab.

c) Gefährdungen für die Realisierung von Recht und Gerechtigkeit und deren Abwehr

Ungeachtet dessen ist ein solches Denken und eine davon getragene Praxis nicht ohne Gefahren für die Realisierung von Recht und Gerechtigkeit. Einmal in der Weise, dass der Jurist zum bloßen Vollzugsorgan instrumentalisiert wird und jede Frage nach dem Recht über das positive Gesetz hinaus untergeht. Nicht alle Gesetze weisen ja die Qualität auf, die typischerweise als gegeben unterstellt wird und unterstellt werden kann; sie können auch Ausdruck von Willkür und bloßer Machtdurchsetzung sein. Zum andern kann der Jurist, indem Recht nur als Gesetzessystem, in sich geschlossen und selbsttragend begriffen wird, wie es nicht zuletzt in der Begriffsjurisprudenz geschah,[43] die soziale Wirklichkeit, die das Recht doch ordnen soll, aus den Augen verlieren, insbesondere den einzelnen Fall und seine gerechte Lösung.

Was die erste Gefahr angeht, so kann ihr zwar nicht absolut, aber doch in weitem Umfang begegnet werden. Das geschieht auch immer wieder. Zum einen durch die Entwicklung und Ausfaltung der Interpretationsgesichtspunkte und -methoden, die dazu diente und weiterhin dient, Gesetzesgeltung und materielles Rechtsverständnis einander anzunähern und wenn

---

v. Kreittmayr, S. v. Cocceji, C. G. Suarez, F. Klein und F. v. Zeiller erinnert zu werden.

[43] Zur Begriffsjurisprudenz, ihren Prämissen und ihrer Eigenart siehe *K. Larenz*, Methodenlehre der Rechtswissenschaft, 2. Aufl. München 1969, S. 17–36; *G. Boehmer*, Grundlagen der bürgerlichen Rechtsordnung, Bd. 2, 1, Tübingen 1951, S. 67–89, insb. S. 71–75. Zur Begriffsjurisprudenz im öffentlichen Recht: *P. Laband*, Das Staatsrecht des Dt. Reiches, Bd. 1, 4. Aufl. Tübingen 1911, Vorwort zur 1. Aufl. (S. VI f.) und zur 2. Aufl. (S. IX); ferner *W. Pauly*, Der Methodenwandel im deutschen Spätkonstitutionalismus, Tübingen 1993, S. 186–192; *E.-W. Böckenförde*, Gesetz und gesetzgebende Gewalt, 2. Aufl. Berlin 1981, § 26.

2. Ethos der kontinentaleuropäischen Juristen der Neuzeit

möglich zur Deckung zu bringen[44]; das zeitweise Bemühen, Gesetzesinterpretation und -anwendung allein auf logische Argumentation und Subsumtion zu reduzieren, wie es dem (staatsrechtlichen) Positivismus und auch der Begriffsjurisprudenz zugrunde lag[45], hat sich als untauglicher Versuch erwiesen. Zum anderen dadurch, dass in die Gesetzesordnung selbst inhaltliche Prinzipien eingebaut werden, die höheren Rang haben, so dass die Gesetzesregelungen in ihrer Gültigkeit daran zu messen bzw. ihnen gemäß zu interpretieren sind – denken wir etwa an die rechtsinhaltlichen Gewährleistungen des Grundgesetzes, wie Grundrechte und institutionelle Garantien. Schließlich durch ein stetes Bestreben, die jeweiligen positiven Gesetze auf das Rechte hin zu vermitteln, indem jede einzelne (neue) gesetzliche Norm in den Zusammenhang der bestehenden Rechtsordnung, ihre erkennbare Systematik und immanente, von Prinzipien getragene Ordnung einbezogen und entsprechend ausgelegt und angewendet wird.[46] Juristisches Ethos wirkt sich darin fruchtbar aus.

Auch gegenüber der zweiten Gefahr erscheint Abhilfe möglich und gegeben. Zwar ist, wenn das Recht als System einer Legalordnung existiert, sein Fallbezug ein mehrfach vermittelter. Die Fallbeurteilung erscheint typischerweise als bloßer Anwendungsfall vorgegebener normativer Regeln, sie springt, überspitzt formuliert, durch den Sachverhalt angeklickt aus ihnen heraus. Eine fallbezogene Rechtsfortbildung, innovativ oder kritisch, ist zwar nicht prinzipiell ausgeschlossen, jedoch wegen der strikten Bindung des Richters an das Gesetz, die Grundlage für die Herrschaft des Gesetzes ist, nur

---

[44] Historischer Überblick bei *G. Hager* (FN 26), S. 14–35, *Jan Schröder*, Entwicklungstendenzen der juristischen Interpretationslehre von 1800 bis 1850, in: ZNR 24 (2002), S. 45 ff. und *St. Vogenauer* (FN 41), S. 430–663; systematisch-gegenwartsbezogene Darlegung: *St. Vogenauer* (FN 41), S. 28–343.

[45] Siehe dazu FN 43.

[46] *K. Larenz* (FN 43), S. 222 ff.; *P. Badura*, Grenzen und Möglichkeiten des Richterrechts, in: Schriftenreihe des Dt. Sozialgerichtsverbandes, Bd. X (1973), insb. Ziff. 10 u. 12.

II. Erscheinungsformen des Ethos der Juristen

begrenzt möglich und bleibt eingebunden in den Systemzusammenhang des Gesetzesrechts.

Gleichwohl verschließt sich auch das System der Legalordnung der Einzelfallbetrachtung nicht zur Gänze; es baut selbst Korrekturmöglichkeiten in sich ein, um der Gerechtigkeit im Einzelfall, der epieikeia, Rechnung zu tragen. Das Einlasstor für solchen Durchgriff sind die Generalklauseln und offenen Schleusenbegriffe[47] des Zivil- und öffentlichen Rechts – es seien nur „Treu und Glauben" (§ 242 BGB), die „guten Sitten" (§ 138 BGB) und die „öffentliche Ordnung" des Polizeirechts genannt. Hinzu tritt als eine neuere Entwicklung, die durch die Arbeit der Juristen in Wissenschaft und Rechtsprechung maßgeblich hervorgebracht wurde, das Verhältnismäßigkeitsprinzip im Verwaltungs- und Verfassungsrecht.[48] Auf diesem Weg wird es möglich und geschieht auch, dass Gerechtigkeitsarbeit am konkreten Fall geleistet wird und sich juristisches Ethos dahinein umsetzt. Freilich hat diese Arbeit auch ihre Risiken. Sie kann ausufern, indem sie sich nicht mehr als Auffangnetz unterhalb und am Rande der Gesetzesordnung versteht, sondern

---

[47] Schleusenbegriffe sind solche, die auf vorhandene ethische und soziale Anschauungen verweisen und diesen in ihrem wechselnden Gehalt rechtsverbindliche Bedeutung zuerkennen und sie rechtlich sanktionieren, sie mithin in das positive Recht einschleusen, vgl. *E.-W. Böckenförde,* Bleibt die Menschenwürde unantastbar? = ders., Recht, Staat, Freiheit, erweiterte Ausgabe, Frankfurt / M. 2006, S. 418.

[48] Grundlegend *P. Lerche,* Übermaß und Verfassungsrecht, Berlin 1961. Das Bundesverfassungsgericht hat in ständiger Rechtsprechung die Verhältnismäßigkeit, ursprünglich im Polizeirecht angesiedelt (vgl. *Drews / Wacke / Vogel / Martens,* Gefahrenabwehr, 8. Aufl. Berlin 1974, S. 185 – 201), zu einem Verfassungsgrundsatz fortentwickelt und hierbei besonderes Gewicht auf die sog. dritte Stufe, die Verhältnismäßigkeit im engeren Sinn, gelegt. Diese wird von ihm nicht, wie im Polizeirecht, strikt auf die Anwendung im Einzelfall, sondern auch auf die Überprüfung der gesetzlichen Regelung selbst bezogen. Die Verhältnismäßigkeit wird dadurch zu einer Angemessenheits-Verhältnismäßigkeit, deren Funktion es ist, Abwägung und angemessene Zuordnung mehrerer, oft gegenläufiger grundrechtlich geschützter Rechtsgüter zu erreichen. Siehe zuletzt BVerfG v. 26. 2. 08 (Caroline von Hannover), BVerfGE 120, 180 (203 – 210). Vgl. auch *E.-W. Böckenförde,* Zur Lage der Grundrechtsdogmatik nach 40 Jahren Grundgesetz, C. F. v. Siemens-Stiftung, München 1990, S. 52 – 54.

zum Ausgangspunkt für eine subjektiv für gerecht (nach welchen Kriterien?) gehaltene Umgestaltung der Gesetzesordnung wird. Nutzen und Gefahr liegen so nahe beieinander. Immerhin hat solche Arbeit es aber, wie Franz Wieacker gezeigt hat,[49] vermocht, dem Bürgerlichen Gesetzbuch, einem Produkt des späten 19. Jahrhunderts, den Konnex zu einem gewandelten Sozialmodell zu erhalten, so dass dessen Bodenhaftung im Blick auf die soziale Wirklichkeit nicht verloren ging.

3. Ethos der anglo-amerikanischen am Case-Law orientierten Juristen

An dritter Stelle ist die Handlungsform und das Ethos der am und mit dem Case-Law arbeitenden anglo-amerikanischen Juristen in Blick zu nehmen.

Im Case-Law erscheint das Recht nicht primär in Gesetzen, es existiert vorwiegend in einer Vielzahl von Fallentscheidungen durch gerichtliche Urteile anhand von Common Law oder Equity,[50] in neuerer Zeit auch von statute laws. Diese Urteile bilden die vorentschiedenen Fälle, die precedents, welche die Entscheidung neu aufkommender Fälle maßgeblich dirigieren. Die Arbeit am Recht und der Umgang mit ihm ist so grundsätzlich anders geartet als im kontinentaleuropäischen Gesetzesrecht.[51] Während dort, wie sich zeigte, Rechtsfindung und Arbeit am Recht eher systematisch-deduktiv und theoretisch-wissensgeleitet geprägt sind,

---

[49] *F. Wieacker,* Das Sozialmodell der klassischen Privatrechtsgesetzbücher und die Entwicklung der modernen Gesellschaft, Karlsruhe 1953.

[50] Common law und Equity unterscheiden sich nicht dadurch, dass Equity ein Komplex allgemeiner Billigkeitsgrundsätze im Unterschied zum förmlich-strengen common law ist, vielmehr dadurch, dass Equity das materielle Recht darstellt, welches in der Rechtsprechung eines besonderen Gerichts – des Court of Chancery – entwickelt worden ist. Näher dazu *K. Zweigert / H. Kötz,* Einführung in die Rechtsvergleichung, 3. Aufl. Tübingen 1995, S. 184–187.

[51] Einlässlich hierzu *W. Fikentscher,* Methoden des Rechts, Bd. 2, Tübingen 1975, S. 62–81.

getragen von akademisch-wissenschaftlich gebildeten Akteuren, ist sie hier vorwiegend empirisch-induktiv und forensisch orientiert, getragen von einer an der Rechtspraxis gebildeten, in ihr geübten und erfahrenen Anwaltschaft[52] – aus der allein übrigens die Richter, vergleichsweise gering an Zahl – berufen werden.

a) Die Eigenart der Rechtsfindung im Case Law

Für den Juristen des common law ist Ausgangspunkt nicht die generelle normative Regelung des Gesetzes, die es auf den konkreten Fall anzuwenden gilt, sondern der einzelne Fall, für dessen Entscheidung eine in den vorentschiedenen Fällen schon enthaltene, auf ihn zutreffende Regel aufzusuchen oder in Ermangelung einer solchen in enger Anlehnung an die vorentschiedenen Fälle neu zu bilden ist; die Ermittlung und Handhabung des Rechts erscheint als ein „reasoning from case to case".[53] Diese Eigenart der Rechtsfindung und auch des

---

[52] *K. Zweigert / H. Kötz* (FN 50), S. 188 ff., 252. *W. Fikentscher* (FN 51), S. 61 f., der darauf hinweist, dass die Zahl der barrister, d. h. der zur Vertretung vor Gericht berufenen Anwälte, sich (Stand 1975) auf etwa 1500 beschränkt. Daneben gibt es die sollicitors, die allein vorbereitend und außergerichtlich tätig sind.

[53] Überblick bei *G. Hager* (FN 26), S. 86–110; *W. Fikentscher* (FN 51), S. 58–132; *K. Zweigert / H. Kötz* (FN 50), S. 251–270; *G. Radbruch,* Der Geist des englischen Rechts, Heidelberg 1946, S. 43 ff. Roscoe Pound charakterisiert diese Denkrichtung wie folgt: „Behind the characteristic doctrins and ideas and technics of the common law lawyer there is a significant frame of mind. It is a frame of mind, which habitually looks at things in the concrete not in the abstract; which puts its face in experience rather than in abstractions. It is a frame of mind, which prefers to go forward cautiously on the basic of experience from this case or that case to the next case, as justice in each case seems to require, instead of seeking to refer everything back to supposed universals (*R. Pound,* What is the Common Law?, in: The Future of the Common Law [1937]. 3, S. 18 f.). *M. Weber,* Wirtschaft und Gesellschaft, 4. Aufl. Tübingen 1956, S. 457 bemerkt, „die Rechtspraxis erstrebte ... nicht rationale Systematik, sondern die Schaffung von praktisch-brauchbaren, an typisch wiederkehrenden Einzelbedürfnissen der Rechtsinteressenten orientierten Schemata von Kontrakten und Klagen ... Aus den ihr immanenten Entwicklungsmotiven geht

3. Ethos der anglo-amerikanischen Juristen

Rechtsdenkens hat sich über Jahrhunderte herausgebildet und prägt bis heute den bis nach Australien und Indien ausgreifenden anglo-amerikanischen Rechtskreis. Sie war veranlasst durch hier nicht näher darzulegende politische, gerichtsorganisatorische und geistesgeschichtliche Gegebenheiten.[54]

Dass aus solcher am Einzelfall orientierten Rechtsfindung nicht ein Rechtswirrwar, sondern gleichwohl eine Rechtsordnung entsteht, wird durch den Grundsatz der strikten Bindung des erkennenden Richters an die vorhandenen precedents, vor allem die der hierarchisch höherstehenden Gerichte, erreicht.[55] Selbst für die höchsten Gerichte galt lange Zeit eine Bindung an die eigenen Judikate. Erst 1966 gab das House of Lords diese Haltung für sich selbst auf, und zwar mit der bezeichnenden, das zugrunde liegende Rechtsdenken spiegelnden Begründung, der use of precedents sei einerseits „an indispensable foundation upon which to decide what is the law and its application to individual cases", aber andererseits „too rigid adherence to precedent may lead to injustice in a particular case and also unduly restrict the proper development of the law."[56]

Wird so der Grundsatz der strengen Bindung an vorhandene Präjudizien zur tragenden Achse der Rechtsordnung, kann dies für das Recht allerdings schnell zur Erstarrung führen. Als Fallrecht ist es seiner Art nach ohnehin ein primär re-agierendes, auf die Erledigung vorhandener Streitfälle be-

---

ein rational systematisiertes Recht, auch nur im begrenzten Sinn einer Rationalisierung des Rechts überhaupt, nicht hervor."

[54] Hinweise dazu *K. Zweigert / H. Kötz* (FN 50), S. 178–193. Ferner *K. Kluxen*, Englische Verfassungsgeschichte, Darmstadt 1986, S. 15–91; *J. Hatscheck*, Englische Verfassungsgeschichte bis zum Regierungsantritt der Königin Victoria, München u. Berlin 1913, S. 121–128, 274–289.

[55] Bekannt als Stare-decisis Doctrine, vgl. *W. Fikentscher* (FN 51), S. 83–86; *G. Hager* (FN 26), S. 93.

[56] Ankündigung des Lordkanzlers vom 26. 7. 1966, das Zitat bei *D. Blumenwitz*, Einführung in das anglo-amerikanische Recht, 4. Aufl. München 1990, S. 24. Wie weit diese Lockerung auch auf die Courts of appeal übergreift, ist noch offen, vgl. *K. Zweigert / H. Kötz* (FN 50), S. 256.

zogenes Recht, nicht ein zukunftsweisendes, in generellen Regeln auf (verändernde) Gestaltung der sozialen Lebenswirklichkeit abzielendes; die Rechtssicherheit macht hier, wie Gustav Radbruch eindrucksvoll dargestellt hat,[57] den eigentlichen, primären Zweck des Rechts aus. Das führt zu einem eher konservativen, auf Kontinuität und Beständigkeit zielenden Grundzug. Gleichwohl aber wird das Recht durch spezifische Argumentationsmethoden, die sich entwickelt haben, vor Erstarrung bewahrt. Und gerade hieran zeigt sich, in welcher Weise die Juristen am Recht und für das Recht arbeiten.

Das Aufsuchen des Präjudiz richtet sich nämlich nicht auf den vorentschiedenen Fall als solchen, sondern auf die Rechtsregel, die ratio decidendi, nach der dieser Fall entschieden wurde und ohne die er hätte anders entschieden werden müssen. Was im precedent sonst argumentiert wurde, ohne diese tragende Bedeutung, sind bloße Dicta oder Obiter dicta, die keinerlei Bindungskraft entfalten.[58] Das eine vom anderen abzugrenzen, ist oft nicht leicht, zumal dann, wenn das Ergebnis der Vorentscheidung nicht von einer Begründung allein, sondern erst von mehreren concurring votes in ihrer Kombination getragen wird. Das eröffnet Spielräume. Ferner gibt es Entscheidungen, die auf mehreren Rechtsregeln aufbauen – bei Rechtsmittelgerichten nicht selten – ohne dass von vornherein deutlich ist, ob schon eine für sich oder erst die mehreren zusammen die Entscheidung tragen. Auch besteht für das Aufsuchen der maßgeblichen Vorentscheidung keine Amtsermittlungspflicht des Gerichts; ihr Herausfinden bleibt dem eingeführten procedere des gerichtlichen Verfahrens, nicht zuletzt dem Suchsinn des Gerichts und der Aktivität der Parteien und ihrer Anwälte überlassen; gerade diese sind insofern aktiv Beteiligte an der Rechtserkenntnis und Rechtsfindung. Der Umgang mit den Präjudizien ist, insgesamt gesehen, weniger eine Wissenschaft als

---

[57] *G. Radbruch* (FN 53), S. 50 ff.
[58] *W. Fikentscher* (FN 51), S. 3–57; *G. Hager* (FN 26), S. 93–115; *K. Zweigert / H. Kötz* (FN 50), S. 254 f.

3. Ethos der anglo-amerikanischen Juristen

eine erfahrungs- und praxisbezogene techné und Kunst[59] – die ars boni et aequi kehrt wieder.

Das ist die eine Seite. Auf der anderen Seite bedarf es der genauen Beurteilung, ob die aufgefundene Regel des precedent auf den zur Entscheidung stehenden Fall auch wirklich anwendbar ist, dieser also tatsächlich mit jenem hinreichend gleich ist. Hierbei wird der konkrete Sachverhalt nicht abstrahierend als Tatbestand – im Hinblick auf die anzuwendende Norm – festgelegt, sondern umfassend, mit all seinen Merkmalen eingebracht und analysiert.[60] Damit öffnet sich der Weg, Unterschiede festzustellen und Abweichungen auszumachen, kraft deren die Anwendung der Regel nur in modifizierter Form oder gar nicht in Frage kommt, soll elementare Ungerechtigkeit vermieden werden. Das führt zur Praxis des „Distinguishing", des Unterscheidens und Differenzierens, und dies wird gegebenenfalls Anlass, ergänzende oder neue Regeln aufzustellen, die das Case Law fortentwickeln.[61] Schließlich gibt es noch die – freilich nicht allzu oft genutzte – Möglichkeit des overruling, dass nämlich eine bisher geltende Regel, veranlasst etwa durch ihre Auswirkungen in einer veränderten Umwelt oder neue Herausforderungen an das Recht, übergangen oder aufgehoben und durch eine neue Begründung ersetzt wird[62], die dann ihrerseits den Charakter einer Precedent-Regel annimmt. Das seit dem letzten Jahrhundert verstärkt auftretende Statute Law hat wohl gewisse Modifikationen, aber bislang keine grundlegende Umorientierung dieses Systems der konkreten Rechtsfindung und Rechtsanwendung bewirkt.[63]

---

[59] Vgl. *Farnsworth,* An Introduction in the Legal System of the United States, 2nd ed., 1983, S. 45 ff., *K. Zweigert/H. Kötz* (FN 50), S. 257 f.

[60] Zu der grundlegend anderen, eher „stiefmütterlichen" Behandlung des Sachverhalts im kontinentaleuropäischen Recht vgl. *K. Zweigert/ H. Kötz* (FN 50), S. 258 f.

[61] *W. Fikentscher* (FN 51), S. 95 f.; 98 – 103; *D. Blumenwitz* (FN 56), S. 37 – 40.

[62] Siehe *G. Hager* (FN 26), S. 103 – 107; *W. Fikentscher* (FN 51), S. 105 – 110.

b) Das Ethos, das die Rechtsfindung prägt

Fragt man nach dem hier wirksamen Ethos, das die Arbeit der Common Law-Juristen prägt und trägt, so lässt es sich ohne viel Aufhebens deutlich beschreiben; es ist sozusagen in das System dieser fallbezogenen Rechtsfindung und -anwendung unmittelbar eingebaut. Die Suche nach dem vorentschiedenen Fall und seiner Regel ist mehr und anderes als die logisch-diskursiv bestimmte Suche nach einem subsumtionsfähigen Obersatz. Ausgangspunkt ist vielmehr die Suche nach der richtigen, irgendwie gerechten und angemessenen Rechtsregel für den konkreten Fall. Deshalb das Aufsuchen des vorentschiedenen, vergleichbaren Falls, er soll die richtige, gerechte Entscheidung des anstehenden Falls ermöglichen. Die eingebauten Argumentationsmuster: das Herausarbeiten der ratio decidendi und ihre Abgrenzung von bloßen Dicta; die Frage nach der wirklichen Vergleichbarkeit des Sachverhalts; das Unterscheiden und Differenzieren des Distinguishing, das Herausarbeiten von Ähnlichkeiten und Abweichungen, das gegebenenfalls veränderte oder ergänzende Regeln hervorbringt; schließlich das overruling, um untragbare Ergebnisse zu vermeiden. Das alles sind letztlich Schneisen und Wege, dazu geeignet, dem konkreten Fall gerecht zu werden, eine Lösung zu finden, in der – je nach Lage der Dinge – die Friedens-, Freiheits- oder Zuteilungsfunktion des Rechts konkreten Ausdruck findet. Sie müssen dazu freilich ergriffen werden. Das eher verborgene, aber treibende Movens, das die Inanspruchnahme und Abwägung der verschiedenen Argumen-

---

[63] Vgl. *G. Hager* (FN 26), S. 60–72. Die Gründe dafür ergeben sich aus der Eigenart des englischen Rechtsdenkens, vgl. *W. Fikentscher* (FN 51), S. 59 f. und 111 ff. Gesetze erscheinen gewissermaßen als ein Einbruch in die Prärogative des Fallrechts und sind daher in ihrem Geltungsbereich eng begrenzt, d. h. weithin auf den grammatikalischen Wortlaut beschränkt. Außerdem gilt, dass die Gesetze zwar binden, weil das Parlament sie erlassen hat, „aber sie binden stets nur in der Form, die die Gerichte ihnen durch fallrechtsmäßige Auslegung gegeben haben. Ist zu einer gesetzlich geregelten Frage eine Entscheidung ergangen, bindet diese Entscheidung, nicht der Gesetzestext. Das Fallrecht als Rechtsquelle überlagert dann das Gesetz." (*Fikentscher*, a. a. O., S. 60).

3. Ethos der anglo-amerikanischen Juristen

tationsweisen und -schritte dirigiert, ist dann die Suche nach diesem Recht, dem für den konkreten Fall irgendwie Gerechten. Man kann so in gewisser Weise von einer ‚naturrechtlichen' Methodik des Common Law sprechen,[64] einer in sich geformten Tendenz, im Wege einer rationalen Dialektik das gute, unbedingte Recht zu finden. Für die Verwirklichung dieses Ethos ist das komplexe System der Rechtsfindung und -anwendung im Case Law einerseits ein festes, disziplinierendes Gerüst, das einem Abgleiten in subjektives Meinen und Dafürhalten über Gerechtigkeit den Weg verlegt, andererseits aber auch der offene Raum für Entfaltung und Wirkungskraft dieses Ethos.

Nun haben sich allerdings kontinentaleuropäische, primär am Gesetz orientierte und die strikt fallbezogene Rechtsfindung und Rechtsanwendung auf der Grundlage des common law, ungeachtet ihrer entgegengesetzten Ausgangspunkte, inzwischen ein gutes Stück weit angenähert.[65] Das zeigt einerseits die zunehmende Akzeptanz richterlicher Rechtsfortbildung auch im kontinentaleuropäischen Recht[66], anderseits das Vordringen der statute laws im angelsächsischen Rechtskreis wie auch die generell dirigierende Wirkung der Entscheidungen des Supreme Court in den USA.[67] Diese Annäherung steht auch im Zusammenhang mit einer zunehmenden Subjektivierung der Rechtserkenntnis und Rechtsanwendung hier und dort. Gesetzlichkeit und strikte Präjudizbindung als tragendes Gerüst für juristisches Handeln und Entscheiden tritt ein

---

[64] W. G. *Becker*, Das Common Law als Methode der Rechtsfindung, in: Berliner Kundgebung 1952 des Deutschen Juristentages, Tübingen 1952, S. 49 f.

[65] Näher dargelegt bei *K. Zweigert / H. Kötz* (FN 50), S. 262–265.; *G. Hager* (FN 26), S. 109–115; *W. Fikentscher* (FN 51), S. 143–145. Demgegenüber geht *St. Vogenauer* (FN 41), Bd. 2, S. 1295 ff. von einer fundamentalen Einheit der Normauslegung und -anwendung aus.

[66] *G. Hager* (FN 26), S. 131–157.

[67] Vgl. *Karl Loewenstein*, Verfassungsrecht und Verfassungspraxis der Vereinigten Staaten, 1959, S. 525–527; *Winfried Brugger*, Grundrechte und Verfassungsgerichtsbarkeit in den Vereinigten Staaten von Amerika, Tübingen 1987, S. 20 f., 408 ff.

Stück weit zugunsten individueller Suche nach Gerechtigkeit für den Einzelfall zurück, verliert an Stützkraft für die Rechtsfindung. Gleichwohl bleibt aber der Unterschied der juristischen Denkstile und der angewandten Rechtsmethode bestehen, durch die die Arbeit am und mit dem Recht geprägt wird.

III. Was kennzeichnet den Juristen als Juristen?

Die hier dargestellten Gestalten des Ethos der Juristen sind zwar, gemäß der Eigenart des jeweils gegebenen Rechts und der zugehörigen Rechtsordnung, voneinander unterschieden. Aber sie erlauben doch, die Frage nach dem Kern dieses Ethos zu stellen, nach dem, was sich ungeachtet verschiedener Erscheinungsformen als Gemeinsames erkennen lässt; was den Juristen als Juristen kennzeichnet und ihn von einem beliebig verfügbaren Rechtstechniker, der zum Fachidioten wird, unterscheidet.

1. Der Grundgehalt des Ethos der Juristen

Dieser Kern des Ethos der Juristen zeigt sich – über die erforderlichen handwerklichen Kenntnisse und Fähigkeiten hinaus – in einer spezifischen Ausrichtung ihrer Arbeit an und mit dem gegebenen Recht, der Suche nach dem, was hier und jetzt konkret Recht ist. Diese Ausrichtung zielt zunächst auf das ius suum cuique tribuere und den Parteilichkeit abwehrenden Grundsatz audiator et altera pars; ferner auf das klare Erfassen nicht nur des jeweiligen Sachverhalts und seiner Probleme, sondern auch der sozialen Wirklichkeit in ihrer Gestalt und Veränderung, die das Recht ja ordnen will; schließlich auf die so wichtige Reziprozität, die Gegenseitigkeit des Rechts sowie den Sinn für die befriedende Kraft geordneter Verfahren, die jedweden unmittelbaren Zugriff abwehren.[68]

---

[68] Vgl. hierzu *J. Limbach*, Die Juristen und ihre Aufgaben, in: Hans Martin Schmidt / Andreas Schmidt (Hg.), Juristen im Spiegel ihrer Stärken und Schwächen, Köln 1998, S. 315 (323 ff.); speziell im Blick auf die Rich-

Hinzu tritt, zumal im Zeitalter des Verfassungsstaats, die Anerkennung und Anwendung der Grundsätze der bestehenden Verfassungsordnung.

All dies kennzeichnet den Geist der Juristen, macht den ethischen Gehalt ihres Berufes aus und bewahrt sie davor, „nur ein armes Ding" zu sein, um mit Martin Luther zu sprechen. Indem der Jurist in dieser Weise nach dem Recht sucht, es gestaltet und anwendet, verweist er einerseits die Träger politischer, aber auch wirtschaftlicher und privater Macht in die Grenzen, die das Recht ihnen zieht, wirkt oftmals als „lästiger Jurist"[69] und stört die Kreise unmittelbarer Interessenverwirklichung. Andrerseits ist er sich bewusst, dass das Recht, wie er es mit schafft, handhabt und vollzieht, unter den Bedingungen der conditio humana keine Vollendungsordnung für das gute Leben aufrichtet, sondern sich – bescheidener – mit einer Erhaltungsordnung für das friedliche und geordnete Zusammenleben der Menschen, wie sie tatsächlich sind, begnügt.[70] Das verweist in mancher Hinsicht auf den usus politicus legis im Sinne Martin Luthers.[71]

Solche Einstellung und Haltung ist den jeweilgen Akteuren freilich nicht bereits von Natur gegeben, sozusagen von selbst vorhanden. Sie muss durch entsprechende Bildung und praktische Anwendung, die von einem darauf gerichteten Willen getragen ist, habituell angeeignet und realisiert werden. Das geschieht freilich nicht immer. Dann kommt es zu Ausfaller-

---

ter *dies.*, „Im Namen des Volkes". Macht und Verantwortung der Richter, Stuttgart 1999, S. 105–124.

[69] Siehe dazu *E. Forsthoff,* Der lästige Jurist (1955) = ders., Rechtsstaat im Wandel, 2. Aufl. 1976, S. 227 ff.

[70] Darin liegt ein richtiger Kern der These vom Recht als ethischem Minimum – Allgemein dazu *E.-W. Böckenförde,* Staatliches Recht und sittliche Ordnung, in: ders., Staat, Nation, Europa, 2. Aufl. 2000, S. 208 (219–224).

[71] Gedankenreiche Überlegungen hierzu jüngst bei *Albert Janssen,* Fragwürdiger Abschied vom usus politicus legis als Grundlage evangelischen Rechts- und Staatsdenkens, in: ZevK 54 (2009), S. 1 (24–30) mit Heranziehung der Schriften des großen Lutherforschers Gerhard Ebeling.

scheinungen in der Einstellung und täglichen Arbeit; sie führen letztlich zur Denaturierung des Berufs der Juristen. Beispiele dafür lassen sich nicht allein in der Zeit des Nationalsozialsozialismus finden, und auch nicht nur das wechselvolle 20. Jahrhundert hält sie in vielfacher Weise bereit.

2. Drei kennzeichnende Beispiele

Doch gibt es auch positive Befunde. Ich möchte dafür – pars pro toto – auf drei Beispiele aus dem Bereich der kontinentaleuropäischen gesetzesloyalen Juristen hinweisen, denen wir selbst zugehören.

Erstes Beispiel:

Als Preußen 1815 die neu- oder wiedergewonnenen linksrheinischen Gebiete in Besitz nahm, stellte sich auch die Frage, wie mit den Juden, die dort seit der Franzosenzeit öffentliche Ämter im Justizdienst innehatten, zu verfahren sei. Einer von ihnen war der Advokat am Appellationsgericht in Trier Heinrich Marx, der Vater von Karl Marx. Die preußische Regierung ging ungeachtet der Zusage des preußischen Königs bei der Inbesitznahme der Rheinlande, dass die öffentlich Bediensteten, Loyalität gegen die neue Obrigkeit vorausgesetzt, beibehalten werden, restriktiv vor und war nicht bereit, diese Personen in den Staatsdienst zu übernehmen. Der Oberlandesgerichtspräsident in Düsseldorf, selbst durchaus konservativ gesinnt, stand der Emanzipation der Juden grundsätzlich kritisch gegenüber. Gleichwohl empfahl er als Jurist in einem Gutachten eindeutig deren Übernahme, und dies mit einer Argumentation, deren Prägnanz ihresgleichen sucht:

„Jene drei Israeliten sind Eingeborene; sie haben ihre Anstellung rechtmäßig erlangt; sie haben im Vertrauen auf das Gesetz, das die Juden von Staatsämtern nicht ausschloß, diesen Erwerbszweig gewählt; sie würden brotlos werden, wenn sie ihn verlören; auch haben sie das ohne Einschränkung gegebene königliche Wort für sich, daß die vorgefundenen

40 III. Was kennzeichnet den Juristen als Juristen?

Beamten, wenn sie sich unverweislich betragen haben, beibehalten werden sollen; es ist gegen sie nichts zu erinnern vorgekommen, vielmehr sprechen die offiziellen Zeugnisse sehr vorteilhaft für sie."[72]

Der Oberlandesgerichtspräsident wurde als lästiger, mahnender Jurist tätig. Sein Vorstoß blieb dennoch erfolglos. Um gleichwohl die Übernahme in den Staatsdienst zu erreichen, ließ Heinrich Marx sich und seine Familie evangelisch taufen – die oktroyierte Taufe als Entréebillet in die bürgerliche Gesellschaft,[73] ein Paradigma für die halbherzige und daran schließlich gescheiterte Emanzipation.[74]

Zweites Beispiel:

Gerhard Anschütz, ein führender Staatsrechtslehrer der Weimarer Zeit[75], der Demokratie ebenso wie dem Rechtspositivismus verbunden, hatte die vor allem von Carl Schmitt entwickelte Lehre von den immanenten Grenzen der Verfassungsänderung, die es nicht erlauben, das Verfassungssystem selbst, die Grundentscheidungen der Verfassung, auf denen deren Legitimität beruht, durch Beschluss einer verfassungsändernden Mehrheit im Wege einer legalen Revolution außer Kraft zu setzen,[76] immer entschieden abgelehnt. Er fand dafür

---

[72] Der Text bei *J. Toury,* Der Eintritt der Juden ins deutsche Bürgertum, Tel Aviv 1972, S. 277–279. Für den historischen Zusammenhang vgl. *R. Rürup,* Die Emanzipation der Juden und die verzögerte Öffnung der juristischen Berufe, in: H. Heinrich / H. Franzki / K. Schwab / M. Stolleis (Hg.), Deutsche Juristen jüdischer Herkunft, München 1993, S. 1–25, hier S. 10 auch das Zitat.

[73] *R. Rürup* (FN 72), S. 11.

[74] *J. Katz,* Vom Vorurteil bis zur Vernichtung. Der Antisemitismus 1700–1933, München 1989, insb. S. 146–216; *E.-W. Böckenförde,* Die Verfolgung der deutschen Juden als Bürgerverrat, in: ders., Staat, Nation, Europa, 2. Aufl. Frankfurt / M. 2000, S. 276–286.

[75] Zu Gerhard Anschütz siehe *E. Forsthoff,* Gerhard Anschütz, in: Der Staat 6 (1967), S. 139–151; *E.-W. Böckenförde,* Gerhard Anschütz 1867–1948 = ders., Recht, Staat, Freiheit, 4. Aufl. Frankfurt / M. 2006, S. 367–378.

[76] *Carl Schmitt,* Verfassungslehre, München u. Leipzig 1928, S. 102 ff.

im Verfassungstext keine Stütze. In einem eindrucksvollen Brief vom Juli 1930 an Carl Schmitt schrieb er, dass er dessen Auffassung rechtspolitisch für bedeutsam und begrüßenswert erachte, aber de lege lata aus dem Wortlaut des Art. 76 WRV keinerlei Grenzen der Verfassungsänderung zu entnehmen seien.[77] So war Anschütz nach dem 30. Januar 1933, als der Führer einer in ihren Zielen verfassungsfeindlichen Partei zum Reichskanzler ernannt wurde, und dem alsbald folgenden Ermächtigungsgesetz nicht nur politisch, sondern auch juristisch ein Besiegter; er konnte von seiner Rechtsauffassung her die Legalität und Verfassungsmäßigkeit dieser Ereignisse nicht in Frage stellen. Aber Anschütz passte sich nicht an, sondern zog, seinen Überzeugungen treu, die Konsequenz. Am 30. März 1933 suchte er um vorzeitige Emeritierung mit folgender Begründung nach:

> „Mein Lehrauftrag erstreckt sich in erster Linie auf das Deutsche Staatsrecht. Dieses Fach stellt nach meiner von je her betätigten Überzeugung, für die ich die Zustimmung des Herrn Ministers erbitte, an den Dozenten Anforderungen, die nicht nur rechtswissenschaftlicher, sondern auch politischer Natur sind. Aufgabe des Staatsrechtslehrers ist nicht nur, den Studierenden die Kenntnis des deutschen Staatsrechts zu übermitteln, sondern auch die Studierenden im Sinne und Geist der geltenden Verfassungsordnung zu erziehen. Hierzu ist ein hoher Grad innerlicher Verbundenheit des Dozenten mit der Staatsordnung nötig. Die mir obliegende Pflicht zur Aufrichtigkeit fordert von mir, zu bekennen, daß ich diese Verbundenheit mit dem jetzt im Werden begriffenen neuen deutschen Staatsrecht zur Zeit nicht aufbringen kann."[78]

Drittes Beispiel:

1940, in der Zeit der NS-Herrschaft, musste das Reichsgericht einen intrikaten Strafrechtsfall entscheiden.[79] Eine junge Frau hatte ihrer Schwester bei der heimlichen Geburt eines unehelichen Kindes geholfen. Beide setzten sich damit aus-

---

[77] Der Brief ist datiert vom 16. Juli 1930.
[78] Der Text bei E. *Forsthoff* (FN 69), S. 139.
[79] RGSt 74, 84.

einander, was mit dem Kind geschehen solle. Die junge Mutter sah keinen Ausweg vor dem Zorn ihres Vaters und dem Hinauswurf aus dem Haus, als das Kind zu beseitigen und den Vorfall zu verheimlichen. Sie verlangte schließlich von ihrer Schwester stürmisch, das Kind, das diese badete, zu ertränken. Die Schwester gab schließlich nach und ertränkte das Baby.

Da die Schwester alle Tatmerkmale des damaligen Mordparagraphen (§ 211 StGB) selbst verwirklicht hatte und auf Mord damals absolut die Todesstrafe stand, war sie zum Tode verurteilt worden, während die Mutter aufgrund der nur für sie einschlägigen Milderungsvorschrift des § 217 StGB eine Zuchthausstrafe erhielt. Nun war über die Revision zu entscheiden. Dem Senat erschien es, wie ein beteiligter Richter 14 Jahre später berichtete,[80] unerträglich, das junge Mädchen dem Henker zu überantworten, denn eine Todesstrafe wäre, da es sich um Verbrechen gegen die Volkskraft handelte, mit Gewissheit auch vollstreckt worden. Was tun? Der Senat überlegte jeden möglichen Ausweg und fand ihn schließlich einstimmig darin, dass er die vom Reichsgericht vertretene subjektive Teilnahmelehre in der Abgrenzung von Täter- und Gehilfenwillen zu einer extrem subjektiven Tätertheorie auf die Spitze trieb: Nur Gehilfe kann auch sein, wer die tatbestandsmäßige Handlung allein ausführt, die Tat aber nicht als eigene, sondern als fremde will, weil er sich dabei fremdem Willen völlig unterordnet, diesen nur vollzieht. Juristisches Ethos wirkt als Anstoß zur Theoriebildung – gewiss kein nur einmaliger Fall. Das Todesurteil konnte aufgehoben werden und die erneute Verhandlung führte zu einer zeitigen Freiheitsstrafe wegen bloßer Beihilfe zu Mord.[81]

*

---

[80] *F. Hartung,* Der „Badewannen-Fall": JZ 1954, S. 430 f. Siehe auch *ders.,* Jurist unter vier Reichen, Köln 1971.

[81] Zur heutigen Einschätzung der extrem subjektiven Tätertheorie siehe *Hans-Heinrich Jescheck,* Strafrecht. Allgemeiner Teil, 4. Aufl. 1988, S. 588 ff.

Zwei dieser drei Beispiele weisen auf Grenzerfahrungen hin, die mit dem Handeln als Jurist zuweilen verbunden sind. Sie verdeutlichen ein spezifisches Berufsrisiko, das dem Beruf des Juristen, so er von einem Ethos getragen wird, eigen ist. In besonderen Situationen, etwa bei der Etablierung eines totalitären Regimes, kann dieses Risiko dramatische Formen annehmen.

IV. Philosophisch-anthropologische Grundlagen des Ethos der Juristen

Als Abschluss des hier Dargelegten ist noch eine rechtsphilosophische Überlegung angezeigt. Was ist, so lautet die Frage, der Wurzelgrund des juristischen Ethos, was ist es, das dieses Ethos – gerade auch in seinen unterschiedlichen Erscheinungsformen – letztlich hervorbringt und prägt? Gibt es eine Anlage und Fähigkeit im Menschen, die solches Ethos speist, seine Entstehung und Ausformung ermöglicht, es gegenüber der Infragestellung und Unterdrückung, die von Machtgier, Fanatismus und Gewalt ausgeht, gleichwohl lebendig erhält oder wieder lebendig werden lässt?

1. Der anthropologische Wurzelgrund

In den verschiedenen Erscheinungsformen des juristischen Ethos, die zuvor näher beschrieben wurden, zeigt sich kontinuierlich ein Bemühen, unter wechselnden Bedingungen und in verschiedenen Konstellationen, die Grundfunktionen des Rechts – die Friedens-, Freiheits- und Zuteilungsfunktion – zur Geltung zu bringen und damit dem was recht oder gerecht ist, nahezukommen, etwas vom dikaion oder der epieikeia Gestalt werden zu lassen. Das Maß und die Akzente der Verwirklichung mögen dabei unterschiedlich sein, die Ausrichtung der Arbeit der Juristen und eine Haltung daraufhin sind jedoch feststellbar. Warum ist das so?

Es gibt im Menschen offenbar eine Anlage und Fähigkeit, die ihn in seinem Erkennen und Handeln, soweit der zwischenmenschliche Bereich betroffen ist, immer wieder nach dem, was gerecht und angemessen ist, fragen lässt. Solches Fra-

1. Der anthropologische Wurzelgrund

gen und Verlangen nach Gerechtigkeit tritt schon bei kleinen Kindern intensiv hervor, etwa wenn es um Spielregeln und deren Einhaltung, um Teilen oder Verteilen oder auch um Rangfolgen unter Geschwistern geht. Über diese Anlage und Fähigkeit ist in der abendländischen Geschichte viel nachgedacht worden. Die Philosophie der Stoa sprach vom Logos, der den Menschen spezifisch auszeichne, und sah ihn ihm das Vermögen der Vernunft, die umgebende Welt und die ihr innewohnende Ordnung, das Vernunftgesetz der lex naturalis, zu erkennen; sie verstand dies als Teilhabe, als participatio am göttlichen Weltenlogos.[82] Der Apostel Paulus bezog sich – womöglich in umprägender Anlehnung an die Stoa[83] – auf das Gesetz, das den Menschen ins Herz geschrieben sei und alle verbindet.[84] Die christliche Philosophie hat hierzu eine weitere Vertiefung und Rangerhöhung gebracht. Die lex naturalis erscheint nun als Anlage und Fähigkeit, die dem Menschen – Gottes Ebenbild – vom Schöpfer eingeprägt ist; sie ist, wie es bei Thomas von Aquin heißt, nichts anderes als „das Zeichen der Einwirkung göttlichen Lichts – impressio divini luminis – in uns".[85] Dies aber nicht in der Weise, dass etwas fest Vorgegebenes durch die Vernunft irgendwie abgelesen wird, sondern als eine aktive, schöpferische Teilhabe (participatio) der natürlichen Vernunft an dem göttlichen Weltordnungsplan der lex aeterna in Form einer ihr eingestifteten Erkenntniskraft, die auf die Erfassung des für den Menschen von Natur Guten angelegt ist und die Grundlage für die praktischen Urteile zum ethisch-sittlichen Handeln bildet.[86] In späterer, eher säkularer Betrachtung, weist Immanuel Kant auf die Freiheitsnatur und Vernunftbegabung des Menschen hin; sie befähige ihn zu Einsichten apriori, um menschliche Freiheit und Sittlichkeit, die im Faktum des Gewissens als Ort des sittlichen Bewusstseins

---

[82] Vgl. *E.-W. Böckenförde* (FN 5), S. 137–141.
[83] *M. Pohlenz*, Die Stoa I, 6. Aufl. Göttingen 1984, S. 403 f.
[84] Röm 2, 15.
[85] *Thomas v. Aquin*, Summa Theologiae I–II, qu. 91 art. 3 resp.
[86] *E.-W. Böckenförde* (FN 5), S. 235–237.

46 IV. Philosophisch-anthropologische Grundlagen

empirisch verbürgt sind, überhaupt zu begreifen und daraus entsprechende Folgerungen für Recht und Moral zu ziehen.[87]

2. Rechtsgewissen und Rechtskultur als Formelemente

Der in dieser Weise näher gekennzeichnete anthropologische Wurzelgrund, auf dem juristisches Ethos erwächst, wirkt in der Arbeit der Juristen als ethisch-sittliches Widerlager und antreibendes Element. Beides muss freilich durch Bildung und Erziehung entsprechend aktiviert und entfaltet und in dieser Form habituell angeeignet werden. Daraus bildet sich dann ein Rechtsgewissen als der Anker verantwortlicher juristischer Arbeit.[88] Der genannte Wurzelgrund ist als solcher freilich zunächst auf ethisch-sittliches Erkennen und Handeln allgemein bezogen, nicht schon gerade und spezifisch auf das Recht. Für das Recht kommen indes zum material Ethisch-Sittlichen – ergänzend wie auch begrenzend – etliche strukturbildende Merkmale hinzu, die sich aus der spezifischen Ordnungsaufgabe des Rechts ergeben; sie begründen seine Eigenständigkeit im Sinne nicht einer Vollendungsordnung, sondern einer Erhaltungsordnung für das Zusammenleben der Menschen.[89] Welches sind diese Merkmale? Sie umfassen die Ausrichtung auf Form und Verfahren; die nur begrenzte Auferlegung und Sanktionierung materialer Inhalte um der Freiheit und Selbstgesetzgebung im Handeln der Menschen willen; die Einbezie-

---

[87] *Immanuel Kant*, Metaphysik der Sitten, Einleitung in die Metaphysik der Sitten IV; Einleitung in die Rechtslehre § B.

[88] Ernst Forsthoff spricht davon, dass die Norm nicht das letzte Wort des Juristen sei. „Dieses letzte Wort fällt im Normvollzug, von dem wir wissen, dass er ein komplexer Vorgang ist. Es wird von der subjektiven Instanz des verantwortlichen Gewissens gesprochen." So anlässlich eines Fackelzugs zu seinen Ehren am 19. 1. 1967, siehe info. Nachrichten für die Studenten der Ruperto Carola Heidelberg, Nr. 64 vom 16. 2. 1967, S. 7; ferner auch Rhein-Neckar-Zeitung vom 21. / 22. 1. 1967.

[89] *E.-W. Böckenförde*, Überlegungen zu einer Theologie des modernen säkularen Rechts = ders., Kirche und christlicher Glaube in den Herausforderungen der Zeit, 2. Aufl. Münster 2007, S. 413 f.

2. Rechtsgewissen und Rechtskultur als Formelemente 47

hung und Berücksichtigung der conditio humana wie auch der realen sozio-politischen Gegebenheiten einschließlich von Ausnahmelagen, mögen diese erfreulich sein oder nicht; schließlich die Ausgestaltung und Fortentwicklung der organisatorischen Formen und Institutionen für das Zusammenleben der Menschen.

Diese strukturbildenden Merkmale haben sich über Jahrhunderte – in einem Prozess des Auf und Ab – herausgebildet. Sie sind kennzeichnend für Tradition und Kultur des Rechts, haben auch dem Begriff der Gerechtigkeit neue Aspekte hinzugefügt; sie kommen vor allem in der iustitia legalis, der auf das Gemeinwohl, die gemeinsamen Interessen aller in einer politischen Gemeinschaft Lebenden bezogenen Gerechtigkeitsart zum Ausdruck.[90] Sie stehen nicht außerhalb der ethisch-sittlichen Substanz des Rechts, sondern sind in sie einbezogen. Zum Ethos des Juristen gehört es, diese strukturbildenden Merkmale zu bewahren und zeitangemessen fortzubilden. Dem liegt eine wesentliche Einsicht zugrunde, die es hervorzuheben gilt: Dass nämlich Recht weder allein als die auf den zwischenmenschlichen Bereich bezogene Außenseite von Ethik und Sittlichkeit begriffen werden kann, wie es von einem genuin ethischen Rechtsbegriff her naheliegt, wie er in der traditionellen katholischen Naturrechtslehre vertreten wurde,[91] noch als bloßes Produkt von Politik, Macht und rationaler Funktionalität. Recht, verstanden als das geltende Recht einer Gemeinschaftsordnung, mit dem es der Jurist zu tun hat, ist vielmehr, um eine Formulierung des Soziologen und Politikwissenschaftlers Julien Freund aufzunehmen, seinem Wesen nach eine mediation, eine (dialektische) Vermittlung von präsenter normativer Ethik und Politik.[92] Das habe ich, zu Anfang meiner aka-

---

[90] Siehe etwa *Thomas v. Aquin,* wie oben FN 37, sowie im Traktat de lege humana, Summa Theologiae I-II, qu. 96, art. 2, wo die Ausrichtung auf das bonum commune unter den Bedingungen der conditio humana eine zentrale Rolle spielt. Dazu auch *E.-W. Böckenförde* (FN 5), S. 254–256, 244–247.
[91] Siehe *E.-W. Böckenförde* (FN 89), S. 396 f.

IV. Philosophisch-anthropologische Grundlagen

demischen Tätigkeit, ausdrücklich vertreten und möchte es heute bekräftigen. Doch was besagt das?

Es geht dabei nicht um die Vermittlung der Ethik als der Wissenschaft vom guten Handeln mit der Politik, sondern um die Vermittlung einer normativen Ethik, die Verbindlichkeit beansprucht, mit der Politik. Aber nicht einer beliebigen, frei wählbaren normativen Ethik, sondern der in der Gesellschaft bzw. einer politischen Gemeinschaft präsenten, als Maßstab anerkannten Ethik. Solche Ethik enthält, bezogen auf das Recht und seine Aufgaben, ethische Rechtsgrundsätze meist ungeschriebener Art (Hermann Heller).[93] Diese sind nicht bereits positives Recht, fundieren es aber in seinem ethisch-sittlichen Gehalt; sie sind darauf angelegt, ins geltende Recht hinein umgesetzt und konkretisiert zu werden.[94] Wie weit es sich dabei um einheitliche oder plural differenzierte Grundsätze handelt, lässt sich nur konkret, im Blick auf eine bestimmte Gesellschaft bzw. politische Gemeinschaft feststellen; es ist abhängig vom Bewusstsein und der Überzeugung der beteiligten Menschen, vermittelt nicht zuletzt in der gegebenen Kultur. Solche präsente normative Ethik kann naturrechtlichen Maßstäben im Wesentlichen entsprechen, mit ihnen kongruent sein, muss das aber nicht; sie kann auch hinter ihnen zurückbleiben, ja von ihnen abfallen und insoweit defizitär sein.

---

[92] *E.-W. Böckenförde*, Die Historische Rechtsschule und das Problem der Geschichtlichkeit des Rechts = ders., Recht, Staat, Freiheit, 4. Aufl. 2006, S. 36 ff.

[93] Siehe Hermann Heller, Staatslehre, Leyden 1934, S. 222.

[94] Zur Bedeutung dieser ethischen Rechtsgrundsätze heißt es bei *Hermann Heller*, a. a. O.: „Alle sittliche Verpflichtungskraft empfängt der Rechtssatz nur aus dem übergeordneten ethischen Rechtsgrundsatz." Siehe dazu auch *Albrecht Dehnhardt*, Das Versagen der Staaten und die Staatslehre Hermann Hellers, in: Recht und Politik 46 (2010), S. 179 (181).

3. Verbleibende Bedeutung von Naturrecht

Bleibt daneben noch ein Ort für die Bedeutung von Naturrecht, sei es ein Naturrecht christlicher Provenienz oder das Vernunftrecht im Sinne der Aufklärung?

Der Anschein spricht dagegen. Doch Naturrecht hat und behält seinen Ort und seine Bedeutung. Warum? Es wird deutlich, wenn man erkennt, dass Naturrecht nicht, wie früher nicht selten angenommen, im Sinne eines Rechtsdualismus als schon geltendes und vollziehbares, gewissermaßen eine zweite Art positives Recht begriffen und unterstellt werden kann.[95] Dies hat vielfach Anlass zu Missverständnissen und Verwerfungen gegeben. Naturrecht hat nämlich nicht den Charakter schon geltenden positiven Rechts, ist in der Sache vielmehr eine normative Rechtsethik und entfaltet als solche seine Funktion.[96] Von daher ist es geeignet und bestimmt, in dreifacher Hinsicht zu wirken[97]: Erstens im Sinne einer Anerkennung und Legitimation des positiven Rechts, insoweit dieses seinen Grundsätzen im wesentlichen entspricht, sie angemessen umsetzt; zweitens als Kompass für Reformen und Verbesserungen des positiven Rechts, weil und soweit bei diesem Defizite gegenüber dem Naturrecht sichtbar werden oder es auf neue Herausforderungen antworten muss; drittens als Instanz der kritischen Infragestellung und Delegitimation des positi-

---

[95] Zuletzt herausgearbeitet von *A. Hollerbach*, Naturrecht, rechtlich, in: ders. Katholizismus und Jurisprudenz, Paderborn u. a. 2004, S. 299 (302).

[96] Bereits Johannes Meßner nannte sein Werk ‚Das Naturrecht', zuerst 1950 „Handbuch der Gesellschafts-, Staats- und Wirtschaftsethik". Eine Bestätigung aus jüngster Zeit findet sich in der Diskussion zwischen Jürgen Habermas und Joseph Kardinal Ratzinger in der Katholischen Akademie in Bayern 2004. Kardinal Ratzinger formuliert dort: „Das Naturrecht ist – besonders in der katholischen Kirche – die Argumentationsfigur geblieben, mit der sie in den Gesprächen mit der säkularen Gesellschaft mit anderen Glaubensgemeinschaften an die gemeinsame Vernunft appelliert und die Grundlagen für eine Verständigung über die ethischen Prinzipien des Rechts in einer säkularen pluralistischen Gesellschaft sucht", siehe *J. Kardinal Ratzinger*, Werte in Zeiten des Umbruchs, Freiburg u. a. 2005, S. 35.

[97] Siehe *A. Hollerbach* (FN 93), S. 202.

ven Rechts, weil dieses im Widerspruch zu Forderungen des Naturrechts steht; das kann bis hin zur Loyalitätsverweigerung oder gar zum Widerstand gehen. Auf diese Weise bleibt das positive Recht mit der sittlichen Ordnung verknüpft.

Wie weit positives Recht vom Naturrecht inhaltlich geformt, in ihm sozusagen inexistent wird, hängt mithin davon ab, wie weit Naturrecht in der Gesellschaft bzw. politischen Gemeinschaft zur präsenten normativen Rechtsethik gehört oder zu solcher Rechtsethik wird. Das macht sich freilich nicht von selbst, bedarf vielmehr der Aktivität und Überzeugungsarbeit der Anhänger und Anwälte des Naturrechts, im öffentlichen Diskurs ebenso wie im politischen Prozess. Die Chancen sind umso größer, je mehr es gelingt, die naturrechtlichen Gehalte und Anforderungen in säkulare Sprache und Begriffe zu übersetzen und ihre Beachtung nur insoweit zu fordern, als sie dem Kriterium der Verallgemeinbarkeit genügen.[98] Gelingt diese Vermittlung in das geltende Recht, ist es Sache des diesem Recht verpflichteten Juristen, dem positiv und produktiv Rechnung zu tragen. Er wird dadurch nicht „Partei" oder Vertreter partikularer Interessen, bleibt vielmehr

---

[98] So hält es Jürgen Habermas für sinnvoll und im Sinne einer Stabilisierung der freiheitlichen Ordnung für notwendig, dass religiöse Traditionen in dieser Weise für die säkulare Gesellschaft fruchtbar gemacht werden (können), siehe *J. Habermas*, Religion in der Öffentlichkeit. Kognitive Voraussetzungen für den „öffentlichen Vernunftgebrauch" religiöser und säkularer Bürger, in: ders., Zwischen Naturalismus und Religion, Frankfurt/M. 2005, S. 119–154 (125–146); *ders.*, Die öffentliche Stimme der Religion. Säkularer Staat und Glaubenspluralismus, in: Blätter für deutsche und internationale Politik 52 (2007), S. 1441–1446. Das Kriterium der Verallgemeinerbarkeit besteht darin, dass jeder des eigenen Vernunftgebrauchs Fähige als zustimmend muss gedacht und unterstellt werden können, mithin er also nur Gesetzen unterworfen wird, zu denen er seine Beistimmung hat geben können und gegeben hat, vgl. *Immanuel Kant* Metaphysik der Sitten, Teil II, § 46 und *ders.*, Vom ewigen Frieden, 2. Abschnitt, 1. Definitionsartikel. Damit scheiden Forderungen und Inhalte, die lediglich Sondergut einer Gruppe darstellen, als Gegenstand allgemein verbindlicher und verpflichtender Regelungen aus. Grundlegende Ausführung zum Problem jetzt bei *M. Nicoletti*, Religion und Politik in der postsäkularen Gesellschaft, in: G. E. Rusconi (Hg.), Der säkularisierte Staat im postsäkularen Zeitalter, Berlin 2010, S. 95 (99–107).

seiner Aufgabe und seinem Ethos treu, nämlich das Recht in seiner Eigenart als (dialektische) Vermittlung von präsenter normativer Ethik und Politik anzuerkennen und es in der täglichen Arbeit als eben diese Vermittlung anzuwenden und zu bewahren.

Ernst-Wolfgang Böckenförde
bei Duncker & Humblot

Ernst-Wolfgang Böckenförde
Gesetz und gesetzgebende Gewalt. Von den Anfängen der deutschen Staatsrechtslehre bis zur Höhe des staatsrechtlichen Positivismus. 2., um Nachträge und ein Nachwort erg. Aufl. 402 S. 1981 (SÖR 1) ⟨978-3-428-04898-4⟩ € 34,–

Ernst-Wolfgang Böckenförde
Die Organisationsgewalt im Bereich der Regierung. Eine Untersuchung zum Staatsrecht der Bundesrepublik Deutschland. 2. Aufl. Abb.; 348 S. 1998 (SÖR 18) ⟨978-3-428-02477-3⟩ € 52,–

Ernst-Wolfgang Böckenförde
Die deutsche verfassungsgeschichtliche Forschung im 19. Jahrhundert. Zeitgebundene Fragestellungen und Leitbilder. 2., um eine Vorbemerkung und Nachträge erg. Aufl. 5, X, 7-242 S. 1995 (VG 1) ⟨978-3-428-08589-7⟩ € 28,–

Ernst-Wolfgang Böckenförde
Verfassungsfragen der Richterwahl. Dargestellt anhand der Gesetzentwürfe zur Einführung der Richterwahl in Nordrhein-Westfalen. 2. Aufl. 143 S. 1998 (SÖR 250) ⟨978-3-428-03217-4⟩ € 42,–

Ernst-Wolfgang Böckenförde
Der Staat als sittlicher Staat. 40 S. 1978 (PPG 14) ⟨978-3-428-04254-8⟩ € 14,–

Rolf Grawert / Bernhard Schlink / Rainer Wahl /
Joachim Wieland (Hrsg.)
Offene Staatlichkeit. Festschrift für Ernst-Wolfgang Böckenförde zum 65. Geburtstag. Frontispiz; 436 S. 1995 ⟨978-3-428-08398-5⟩ Lw. € 76,–

Rainer Wahl / Joachim Wieland (Hrsg.)
Das Recht des Menschen in der Welt. Kolloquium aus Anlaß des 70. Geburtstags von Ernst-Wolfgang Böckenförde. 206 S. 2002 (PPG 28) ⟨978-3-428-10841-1⟩ € 48,–

Christoph Enders / Johannes Masing (Hrsg.)
Freiheit des Subjekts und Organisation von Herrschaft. Symposium zu Ehren von Ernst-Wolfgang Böckenförde anläßlich seines 75. Geburtstages (23. und 24. September 2005). 90 S. 2006 (BH STAAT 17) ⟨978-3-428-12277-6⟩ € 32,–

Duncker & Humblot · Berlin

MIX
Papier aus verantwortungsvollen Quellen
Paper from responsible sources
FSC® C105338

Printed by Libri Plureos GmbH
in Hamburg, Germany